KB242804

AI 시대 중년의 경쟁력

중년의 경쟁력을 결정하는 다섯 가지 색

AI 시대 중년의 경쟁력

중년의 경쟁력을 결정하는 다섯 가지 색

방미영

스토리하우스

국립국어원 표준국어대사전에는 '중년'을 마흔 살 안 팎의 나이. 또는 그 나이의 사람. 청년과 노년의 중간을 이르며, 때로 50대까지 포함하는 경우도 있다. 중년은 사회적으로나 생리적으로 성숙하고 안정된 시기로 여겨지며, 개인적으로는 가정과 사회적 책임이 가장 큰 시기이다. 그러나 우리는 그저 현재를 살 뿐, 나이먹음에 대한 특별한 철학이나 그에 맞는 적절한 준비를 하지 못한다. 입학, 졸업, 취업, 결혼, 출산, 육아, 승진, 이혼, 파산 그리고 수많은 만남과 이별들을 겪으면서 시간을 버틴다. 그렇게 치열한 현실 속에서 어느 날 문득 나를 되돌아보게 된다. '아! 나도 중년이구나.'

젊은 시절엔 열심히 살기만 하면 무조건 성공한다고 믿었다. 몇날 며칠을 밤새워 일해도 피곤한 줄 몰랐다. 곁눈질 한 번 안 하고 앞만 보고 달렸다. 그렇게 해야 성공한다고 하는 수많은 성공학이나 인생 선배들의 말을 있는 그대로 믿었던 것이다. 그러나 정신차려 보니

열심히 하는 것과 잘하는 것에는 엄연한 차이가 있다
는 것을 알게 되었다. 거기다 밤샘을 할 체력도 남아있
지 않다.

평범하게 살고 싶지 않다고 많은 사람들은 말한다. 나
는 특별하다고 생각하고, 남과 다른 그런 삶을 살아야
한다고 여기는 것이다. 보다 부유하게, 보다 화려하게,
보다 우월하게 살고 싶은 게 인지상정 아닌가? 하지만
중년을 살아내면서, 평범하게 사는 게 얼마나 어려운
가를 실감하였다. 제때 졸업하고, 취업하고, 결혼하여
가정을 이루고, 아이 낳아 키우고, 크진 않지만 내 집
을 사고, 크고 작은 경조사를 챙겨가며 사는 삶! 그런
삶이 우리가 꿈꾸는 평범한 삶이거늘 그렇게 사는 것
이 결코 쉽지 않음을 깨달았다.

피하고 싶지만 피할 수 없는 게 나이듦이다. 피할 수
없으면 즐기라는 말처럼 중년을 제대로 즐기기 위해서
는 적절한 준비가 필요하다. AI 시대를 맞이하여 똑똑
하게 나이 드는 것이 무엇인지, 중년이 되어 내가 무엇
을 할 수 있는 것인지에 대해 미리 생각해 보고 준비할
수 있다면 분명 특별한 중년을 맞이하게 될 것이다.

이 책은 필자가 『나의 경쟁력』 출간 후 어느덧 중년을 훌쩍 지나면서 그동안 담아두었던 생각들을 정리한 인생 길라잡이 책이다. 중년이 주는 삶의 무게가 버거울 때, 누군가에게 속 시원하게 털어놓고 조언을 받고 싶은 사람이 딱히 없을 때, 마음의 위안을 받을 수 있도록 엮었다. 특히 키워드를 컬러로 설정해 놓아 마음이 먼저 가는 데로 파란색, 빨간색, 검은색, 하얀색 그리고 황금색을 마주하면 된다. 각각의 색에 맞는 단상들을 편안하게 받아들인다면 현재 중년이거나 곧 중년을 맞이할 사람일 것이다.

1장은 파란색(BLUE)과 연관된 키워드로서 아리스토텔레스가 말한 에우다이모니아(Eudaimonia) 즉 하고 싶은 것을 하고 사는 삶에 대한 단상들로 꿈, 성공, 여행, 희망, 우울, 책임, 믿음 등에 대한 다른 시각을 담았다. 선택과 집중, 객관과 주관, 떠남과 돌아옴, 넓이와 깊이, 내 편과 너 편 등 같은 키워드에 대한 다른 시각을 통해 중년을 폭넓은 안목으로 바라볼 수 있게 된다.

2장에서의 빨간색(RED)은 황금씨앗을 심는 사람(Golden Seed Planter)으로 열정과 에너지 그리고 사랑으로 무언가 변화를 이끌어 갈 수 있는 힘을 주고자 했다. 아름다움과 건강, 용기와 행복 등에 대한 다른 해석은 한 쪽으로 치우친 시각을 벗어나 세상을 살아가는 폭넓은 지혜를 일깨워 준다.

3장은 검은색(BLACK)과 관련된 키워드로 전문성, 프로다움, 일, 원숙함 등을 통해 세상을 헤쳐 나갈 수 있는 확실한 실력을 갖춘 성과를 내리는 사람(Rain Maker)으로서의 삶에 대해 생각해 보게 하였다. 중년의 삶은 강함, 죽음, 악마와 같은 명확하고 강렬한 키워드에 대한 다른 시각을 가짐으로 어떤 순간에도 흔들리지 않고 당당하게 살아갈 수 있을 것이다.

4장은 하얀색(WHITE)으로 순수, 배려, 비워냄, 공감, 눈물 등을 통해 진정한 사랑(True Love)에 대해 깊은 고민을 하게 하였다. 중년이기에 먼저 비워야 하고 나눠주어야 하고 들어주어야 한다고 생각할 수 있지만 반대로 채워야 하고 받아야 하고 말하고 싶어 하는 게 중년의 또 다른 얼굴임을 깨닫게 한다.

마지막 5장은 황금색(GOLD)과 연관된 키워드로 부, 명성, 깨달음, 풍요로움, 동행 등에 관한 다른 생각 속에서 진정한 성공(Sincere Success)이 무엇인지를 생각하게 하였다. 삶은 언제나 끝과 시작이 있고 오르막이 있으면 내리막이 있다. 조금 더 많은 것을 갖는 것과 조금 더 많이 내려놓는 것은 우리에게 성공에 대한 정의를 재해석하게 하는 기준이 될 것이다.

이 책을 통해 중년을 준비하는 사람과 이제 막 중년에 들어선 사람 그리고 어느새 중년을 거쳐 노년을 맞이하는 사람 모두가 행복하게 나이 들어가는 것에 대한 특별한 지혜를 얻길 바라며 물리적인 시간에 굴복당하지 않고 내가 만들어가는 새로운 기준의 중년을 살아가면 좋겠다.

2026년 1월
방미영

Table of Contents
목차

Table of Contents

목차

Table of Contents
목차

1장 BSUE-

Eudaimonia

꿈 : 선택과 집중
성공 : 객관과 주관
성실 : 인정과 이탈
여행 : 떠남과 돌아옴
희망 : 가능과 불가능
지성 : 넓이와 깊이
우울 : 혼자와 함께
책임 : 비거움과 익숙함
믿음 : 확인과 확신
소유 : 내 편과 니 편

꿈 : 선택과 집중

• 선택

　아침에 눈을 뜨고 처음 숨 쉬는 순간부터 우리는 선택의 연속 속에 살아간다. 매일 먹는 음식, 입는 옷, 하는 일조차도 선택의 결과이다. 그러나 중요한 선택일수록 고민은 깊어지고, 우리의 삶을 결정짓는 요소로 작용한다.

　2003년 '올해의 좋은 한국 영화'로 선정된 '선택'이라는 영화는 이러한 선택의 무게를 보여준다. 40여 년간 수용 생활을 하던 김선명이 광복절 특별사면으로 풀려난 후, 남북정상회담을 계기로 북으로 보내지는 과정을 담았다. 그의 선택은 한 사람의 일생을 어떻게 변화시키는지 보여준다.

　순간의 선택이 평생을 좌우한다는 말이 있다. 하지만 순간의 선택이 아닌, 선택을 하기까지의 과정과 고민이 더 중요하다. 신중하게 선택하고, 그 선택에 집중하는 것이 줄녀의 경쟁력이 된다.

　톨스토이의 일화는 우리의 말과 생각이 어떻게 선택을 결정하는지를 보여준다. 하인 두 명이 서로 '곰'과

‘원숭이’라 부르며 다툴 때, 톨스토이는 이렇게 말했다. “네가 상대를 곰이라 부르는 것은 네 마음속에 곰과 같은 면이 있기 때문이다.” 즉, 우리는 우리의 사고방식과 감정을 투영하여 선택을 내리는 것이다.

말은 생각을 담고 있으며, 우리의 선택을 결정짓는 중요한 요소다. 독일 철학자 마르틴 하이데거(Martin Heidegger)는 그의 저서 『숲길(Holzwege)』에서 “말은 존재의 집이다”라고 했듯이, 우리가 어떤 언어를 사용하고, 어떤 방식으로 생각하는지가 우리의 삶과 선택에 큰 영향을 미친다.

현대 사회에서 청소년들이 사용하는 언어 습관을 보면, 비속어와 욕설이 일상화되어 있다. 국립국어원의 ‘청소년 언어사용실태’ 조사에 따르면 많은 청소년이 욕설을 습관적으로 사용하며, 그 의미조차 모른 채 남용하는 경우가 많다. 언어는 사고와 연결되며, 바람직한 언어 습관이 바른 선택을 하는 데 필수다.

사회적으로도 바람직한 언어 습관을 정착시키려는 노력이 필요하다. 성악가 엔리코 카루소가 어릴 적 혹평을 받았지만, 어머니의 긍정적인 말 한마디가 그의 인생을 바꾼 것처럼, 우리도 긍정적인 언어와 선택을 통해 중년의 삶을 더욱 풍요롭게 만들 수 있다.

청소년뿐만 아니라, 중년 역시 올바른 언어와 사고를 통해 자신을 돌아보고, 선택의 중요성을 깨달아야 한다. 건전한 언어 습관은 가정과 사회 모두에서 형성되며, 긍정적인 사고가 올바른 선택으로 이어진다. 중년의 경쟁력은 결국 선택과 집중에서 비롯된다.

• 집중

선택이 중요한 만큼, 선택한 것에 집중하는 것은 더욱 중요하다. 우리는 종종 여러 가지 일을 동시에 하려다 정작 중요한 것을 놓치곤 한다. 집중이란 단순히 한 가지 일만 바라보는 것이 아니라, 선택한 목표에 에너지를 온전히 쏟는 것이다.

일본의 유명한 경영자 마쓰시타 고노스케는 "한 가지에 집중하면 반드시 길이 보인다"라고 말했다. 이는 우리가 선택한 목표를 성취하기 위해서는 불필요한 것들을 줄이고, 오직 중요한 것에 집중해야 한다는 의미다.

실제로 많은 성공한 사람들은 목표를 정하면 끝까지 밀고 나간다. 미국의 전설적인 농구 선수 마이클 조던도 "실패를 두려워하지 말고, 끊임없이 집중하라"고 강조했다. 그는 농구뿐만 아니라 인생에서도 집중하는 태도가 성공의 열쇠라고 말한다.

집중력은 우리가 가진 자원을 최적화하는 힘이다. 집중하지 않으면 에너지는 분산되고, 결국 아무것도 이루지 못할 수도 있다. 한 연구에 따르면, 멀티태스킹을 자주 하는 사람일수록 실제 업무 성과가 떨어지는 것으로 나타났다. 집중하지 못하면 성과는 낮아지고 피로감만 높아진다.

중년은 삶의 방향을 더욱 구체적으로 정해야 하는 시기다. 이때 중요한 것은 선택한 것에 집중하는 것이다. 불필요한 것들을 줄이고, 본질적인 것에 에너지를 쏟으면 더욱 효율적이고 의미 있는 삶을 살 수 있다.

• 성공적인 중년

단순히 많은 것을 이루는 것이 아니라, 의미 있는 것에 집중하는 것이다. 선택한 목표에 끝까지 집중하며, 삶의 가치를 높이는 것이 중년의 경쟁력을 완성하는 길이다.

성공 : 객관과 주관

• 객관적 성공

성공은 다양한 기준으로 측정될 수 있지만, 객관적인 성공은 사회적 인정과 외부의 평가를 통해 결정되는 경우가 많다. 우리가 일반적으로 말하는 '성공한 삶'은 경제적 안정, 사회적 지위, 명성 등을 포함한다.

미국의 경영학자 짐 콜린스(Jim Collins)는 위대한 기업의 조건으로 지속적인 성과 지표를 강조했다. 개인의 성공도 마찬가지다. 객관적인 기준에서 성공한 사람들은 성과를 내고, 사회적으로 인정받으며, 영향력을 행사한다.

그러나 객관적인 성공만을 추구하면 내면의 만족을 놓칠 수 있다. 타인의 시선과 평가에 얽매여 자신의 삶을 주도적으로 이끌지 못하는 경우도 많다. 중년이 되면 객관적인 성공뿐만 아니라, 개인적인 만족과 의미를 함께 고려해야 한다.

세계적인 투자자 워런 버핏은 경제적으로 성공한 인물이지만, 자신의 삶을 단순하게 유지하며 독서와 철학적 사색을 즐기는 것으로도 유명하다. 그는 "진정한 성공을 물리적 성취보다 삶의 방식에서 찾는 인물로 알려져 있다. 이는 객관적 성공과 주관적 만족이 조화를 이루는 사례라 할 수 있다.

• 주관적 성공

주관적인 성공은 자신이 느끼는 만족감과 행복에서 비롯된다. 누군가는 대기업의 CEO가 되는 것이 성공이라고 생각하지만, 또 다른 누군가는 자연 속에서 조용히 살아가는 것이 성공이라고 믿을 수 있다.

미국의 철학자 랄프 왈도 에머슨(Ralph Waldo Emerson)은 "성공이란 매일 아침 감사하는 마음으로 눈을 뜨고, 저녁에는 충만한 기분으로 잠드는 것이다"라고 말했다. 성공은 타인의 기준이 아니라, 자신이 설정한 목표를 성취하고 그 과정에서 행복을 느끼는 것에서 비롯된다.

중년이 되면 우리는 객관적인 성공과 주관적인 성공 사이에서 균형을 찾아야 한다. 타인의 평가만을 따라가면 진정한 만족을 얻기 어렵고, 오직 자신의 기준만을 고집하면 사회와의 연결이 단절될 수 있다. 중요한 것은 자신이 정한 삶의 방향과 목표를 향해 나아가면서도, 타인과의 조화를 이루는 것이다.

• 객관과 주관의 균형

객관적인 성공과 주관적인 성공은 상반되는 개념이
아니라, 조화롭게 공존할 수 있는 가치다. 경제적인 안
정이 주는 편안함과 자율적으로 살아가는 삶의 기쁨을
함께 추구하는 것이 중요하다.

중년의 경쟁력은 자신만의 성공 기준을 정립하고,
그 기준에 따라 삶을 조율하는 데 있다. 사회적 기준과
개인적 만족 사이에서 균형을 잡고, 스스로 만족하는
삶을 살아가는 것이야말로 진정한 성공이다.

성실 : 인정과 이탈

• 인정

　성실함은 사회적 신뢰와 개인의 자부심을 형성하는 중요한 요소다. 성실한 사람은 책임감을 갖고 맡은 일을 꾸준히 해나가며, 타인에게 신뢰를 주는 존재가 된다. 미국의 심리학자 안젤라 더크워스(Angela Duckworth)는 그릿(Grit) 이론에서 성공의 핵심 요소 중 하나로 성실함을 강조한다. 그녀는 재능이나 환경보다 꾸준한 노력과 끈기가 삶의 성취도를 결정한다고 주장했다. 중년이 되어가는 과정에서 우리는 이러한 성실함이 얼마나 큰 자산이 되는지를 깨닫는다.

　또한, 세계적인 기업가 일론 머스크는 끊임없는 노력과 성실함으로 테슬라와 스페이스X를 세계적인 기업으로 성장시켰다. 그는 수많은 실패에도 불구하고 목표를 향한 집념을 놓지 않았다. 그의 성공 뒤에는 성실함과 책임감이 있었으며, 이러한 끈기가 결국 혁신적인 성과로 이어졌다.

　그러나 성실함은 때때로 과도한 자기희생과 연결되기도 한다. 가정과 직장, 사회적 역할을 충실히 수행하려다 보면 정작 자신을 돌보는 일은 소홀해지기 쉽다.

성실함이 중요한 덕목이지만, 스스로를 인정하는 과정
도 필요하다. 자신의 노력을 인정하고 스스로를 격려
하는 것이야말로 지속적인 성실함을 유지하는 원동력
이 된다.

• 이탈

성실함이 지나치면 삶의 균형이 깨질 수 있다. 우리
가 성실해야 한다는 압박 속에서 스스로를 소진시키
고, 만족감을 느끼지 못한 채 살아가게 된다. 이때 필
요한 것이 바로 '이탈'이다. 이탈이란 무책임하게 모든
것을 내려놓는 것이 아니라, 필요한 순간 한 발짝 물러
서서 자신을 재정비하는 과정이다. 여행을 떠나거나,
새로운 취미를 시작하거나, 혹은 기존의 방식에서 벗
어나 새로운 변화를 시도하는 것이 포함된다.

전설적인 애플 창업자 스티브 잡스는 대학을 중퇴한
후 인도 여행을 떠나 명상과 철학을 배웠다. 이 경험은
그가 기술을 바라보는 시각을 넓히는 계기가 되었고,
이후 애플 제품의 디자인과 철학에 큰 영향을 미쳤다.
그는 필요할 때 한 발짝 물러서서 자신을 돌아보는 것
이 얼마나 중요한지를 몸소 실천했다.

일본의 철학자 가라타니 고진은 "성실함만으로는

새로운 길을 개척할 수 없다. 때로는 익숙한 것에서 벗어나야 한다.”고 말했다. 중년이 되어 성실하게 살아온 자신을 돌아보고, 필요하다면 삶에 작은 변화를 주는 것이 더 건강하고 지속가능한 성실함을 유지하는 방법이 된다.

또한, 유명한 작가이자 정신분석학자인 칼 구스타프 융은 일정한 주기로 삶에서 벗어나 자연 속에서 시간을 보냈다. 그는 이를 통해 내면을 탐구하며 심리학적 통찰을 발전시켰고, 이러한 이탈의 과정이 오히려 더욱 깊이 있는 연구로 이어졌다.

• **성실함의 균형**

중년의 경쟁력은 단순히 끊임없는 노력에서 나오는 것이 아니라, 성실함과 이탈의 균형을 맞추는 데 있다. 자신의 노력을 인정하면서도 새로운 변화를 받아들이고, 무조건적인 희생이 아닌 지속가능한 성실함을 지향하는 것이 중요하다.

자신의 삶을 성찰하고, 필요할 때는 쉼을 선택하며, 다시 도전하는 용기를 가질 때, 중년의 성실함은 더욱 빛을 발한다. 성실함과 이탈의 조화는 단순히 개인적인 성장뿐만 아니라, 인생 전반의 균형을 유지하는 데 필수적이다.
여행 : 떠남과 돌아옴

• 떠남

　여행은 단순한 이동이 아니다. 새로운 환경 속에서 자신을 돌아보고, 삶의 방향을 재정비하는 계기가 된다. 떠남은 용기를 필요로 하며, 익숙한 것을 내려놓는 과정이다.

　미국의 유명한 소설가 어니스트 헤밍웨이는 젊은 시절 스페인과 프랑스를 떠돌며 다양한 경험을 쌓았다. 그는 전쟁터 기자로 활동하며 삶의 거친 현실을 체험했고, 이 경험들은 그의 작품에 깊은 영향을 미쳤다. 그는 떠나지 않았다면 자신만의 문학적 세계를 구축할 수 없었을 것이라고 말했다. 떠남이란 곧 성장의 기회다.

　떠나는 것은 일상에서 벗어나 자신을 재발견하는 과정이기도 하다. 현대의 많은 성공한 인물들도 한 번쯤은 자신의 길을 찾기 위해 익숙한 환경을 떠났다. 스티브 잡스는 애플을 창업한 후 한때 회사에서 쫓겨났지만, 그 기간 동안 그는 다른 산업을 탐색하며 더 큰 창의력을 얻었다. 그리고 결국 돌아와 애플을 세계적인 기업으로 성장시켰다. 떠남은 단순한 도피가 아니라, 더 나은 자신이 되기 위한 과정이 될 수 있다.

- 돌아옴

떠남이 새로운 경험을 통해 나를 확장하는 과정이라면, 돌아옴은 그 경험을 내 삶에 녹여내는 과정이다. 여행 후 돌아왔을 때 비로소 자신이 무엇을 얻었는지 알게 된다.

20세기 최고의 물리학자 중 한 명인 알베르트 아인슈타인은 미국으로 망명하면서도, 늘 고향과 학문적 뿌리를 돌아보았다. 그는 이론물리학을 연구하며 다양한 나라를 여행했지만, 결국 그가 찾고자 했던 것은 자신의 원래 자리에서 구현되는 학문적 성과였다. 떠난 후 돌아오는 것은 단순한 복귀가 아니라 더 깊은 깨달음을 동반한다.

인도의 정신적 지도자 마하트마 간디 역시 떠남과 돌아옴을 통해 자신의 사상을 확립한 대표적인 인물이다. 그는 영국에서 법률을 공부하고, 남아프리카에서 인권 운동을 하면서 자신의 사상의 기틀을 마련했다. 그리고 결국 인도로 돌아와 독립 운동을 주도하며 역사에 남을 업적을 남겼다. 떠남을 통해 넓은 시야를 갖추고, 돌아옴을 통해 그 배움을 실천하는 것이 중요하다.

• **여행의 균형**

떠남과 돌아옴은 반대 개념이 아니다. 떠나야 돌아올 수 있고, 돌아와야 떠나는 것에 대한 의미를 발견할 수 있다. 중년의 여행은 단순한 휴식이 아니라, 자기 자신을 돌아보고 새롭게 나아갈 힘을 얻는 과정이다. 때로는 익숙한 곳을 떠나보는 용기가 필요하고, 떠났던 자리로 돌아와 자신을 정리하는 것이 중년을 살아가게 하는 에너지이다.

여행이란 단순한 이동이 아니라, 삶을 더 깊이 이해하는 과정이다. 떠남을 통해 새로운 시각을 얻고, 돌아옴을 통해 그것을 삶에 적용하는 것. 이것이야말로 중년이 여행을 통해 배울 수 있는 가장 큰 가치이다.

희망 : 가능과 불가능

• 가능한 희망

희망은 불확실한 미래 속에서도 가능성을 믿고 도전하는 힘을 의미한다. 역사를 돌아보면 희망을 품고 불가능을 가능으로 만든 사례는 셀 수 없이 많다.

대표적인 인물로, 미국의 대통령이었던 에이브러햄 링컨을 들 수 있다. 그는 가난한 농가에서 태어나 제대로 된 교육을 받지 못했지만, 독학으로 법률을 공부하고 변호사가 되었다. 이후 정치에 입문했으나 여러 차례 낙선의 고배를 마셨다. 그러나 그는 포기하지 않았고, 결국 미국의 제16대 대통령이 되어 노예 해방이라는 위대한 업적을 이루었다. 그의 인생은 희망이 어떻게 불가능을 가능으로 변화시키는지를 보여주는 대표적인 사례다.

또한, 세계적인 물리학자 스티븐 호킹도 희망의 상징이다. 그는 21세에 루게릭병(ALS) 진단을 받아 평생을 휠체어에 의존해야 했지만, 절망하지 않고 연구를 지속했다. 그의 연구는 현대 물리학에 큰 기여를 했으며, 블랙홀 이론과 우주론의 발전을 이끌었다. 그는 자신의 한계를 인정하면서도, 과학을 향한 희망을 버리지 않았다. 그의 사례는 신체적인 장애에도 불구하고 희망을 품으면 불가능도 가능해질 수 있음을 보여준다.

• 불가능한 희망

때때로 우리는 희망이 현실의 벽 앞에서 무력해지는 순간을 경험한다. 불가능을 직시하는 것도 중년 이후의 삶에서 중요한 부분이다. 모든 것을 해낼 수 있다는 무리한 믿음이 오히려 현실을 왜곡하고 실망을 키울 수도 있기 때문이다.

체르노빌 원전 사고 이후, 많은 과학자들은 방사능 오염으로 인해 체르노빌 지역은 영원히 사람이 살 수 없는 곳이 될 것이라고 예상했다. 그러나 30여 년이 지난 현재, 일부 동식물들은 방사능 환경에 적응하며 새로운 생태계를 형성하고 있다. 이는 과학적으로 불가능해 보였던 일이 자연의 순환 속에서 예상치 못한 방식으로 변화될 수 있음을 시사한다.

유명한 철학자 알베르 카뮈는 [시지프의 신화]를 통해 불가능한 조건 속에서도 의미를 찾는 인간의 태도를 강조했다. 불가능하다고 단정짓기보다, 그 과정을 통해 얻는 경험과 성장에 가치를 두는 것이 중요하

다. 중년 이후에는 불가능을 인정하는 법을 배우면서
도, 희망을 놓지 않는 균형이 필요하다.

• 희망의 균형

중년이 되면 우리는 희망과 현실 사이에서 균형을
잡는 법을 배워야 한다. 가능성을 끝까지 믿고 도전하
는 것이 중요하지만, 현실적인 한계를 인정하는 지혜
도 필요하다. 때로는 희망이 우리를 앞으로 나아가게
하지만, 때로는 희망을 조정하는 것이 더욱 현명할 수
있다.

에디슨은 1,000번 이상의 실패 끝에 전구를 발명했
고, "나는 실패한 것이 아니다. 나는 1,000번의 방법
이 작동하지 않는다는 것을 발견한 것이다"라고 말했
다. 희망은 실패 속에서도 새로운 길을 찾는 힘이 된다.

중년의 희망은 무모한 도전이 아니라, 현실을 직시
하면서도 새로운 가능성을 발견하는 과정이다. 희망을
품되, 때때로 불가능을 인정하고 방향을 조정하는 것
이 중년의 경쟁력을 높이는 길이다.

지성 : 넓이와 깊이

• 넓이

지성은 단순히 많은 지식을 습득하는 것이 아니라, 그 지식을 어떻게 활용하느냐에 따라 가치를 결정짓는다. 지성의 넓이는 다양한 분야에 대한 이해와 포용력에서 비롯된다.

레오나르도 다빈치는 단순한 화가가 아니라, 과학, 해부학, 천문학, 공학에 이르기까지 폭넓은 지적 호기심을 가졌던 인물이다. 그는 미술을 통해 인체의 구조를 연구하고, 자연을 관찰하며 과학적 이론을 세웠다. 그의 지성은 특정 분야에 국한되지 않고, 다방면에 걸쳐 있다. 이러한 지식의 넓이는 혁신과 창의성을 이끌어내는 원동력이 된다.

현대 경영학의 아버지라 불리는 피터 드러커는 경영뿐만 아니라 역사, 철학, 정치학 등 다양한 분야에서 깊은 지식을 쌓았다. 그는 이러한 지식의 넓이를 바탕으로 경영 원칙을 수립하며, 조직과 사회의 변화를 예측하는 능력을 키웠다. 지성의 넓이는 새로운 사고방식을 접하게 하며, 다양한 시각에서 문제를 해결할 수 있는 능력을 길러준다.

• 깊이

　지성의 깊이는 특정한 분야를 깊이 탐구하고, 그 분야에서 독창적인 통찰력을 가지는 것을 의미한다. 깊이 있는 지성은 오랜 연구와 경험을 통해 축적된다. 20세기 최고의 물리학자로 불리는 알베르트 아인슈타인은 상대성 이론을 연구하며 물리학의 패러다임을 바꾸었다. 그는 하나의 문제에 대해 끊임없이 질문하고 실험하며, 기존의 상식을 뛰어넘는 새로운 개념을 제시했다. 그의 연구는 단순한 호기심에서 출발했지만, 깊이 있는 탐구가 결국 현대 과학의 근간을 형성하게 되었다.

　문학에서도 마찬가지다. 도스토옙스키는 인간 심리를 깊이 탐구하며, 그의 소설 속에서 인간 내면의 복잡한 감정을 세밀하게 묘사했다. 그의 작품은 단순한 이야기를 넘어, 철학적 질문과 사회적 고민을 담고 있다. 지성의 깊이는 단순한 정보 습득을 넘어서, 인간과 세상에 대한 본질적인 통찰을 가능하게 한다.

• 지성의 균형

　중년 이후의 삶에서는 지성의 넓이와 깊이 사이에서 균형을 맞추는 것이 중요하다. 다양한 분야를 접하며 사고의 폭을 넓히는 것도 중요하지만, 특정 분야에서 깊이 있는 전문성을 쌓는 것도 필수적이다. 넓이와 깊이가 함께 어우러질 때, 중년의 지성은 더욱 빛을 발한다.

중년이 된다는 것은 단순히 나이가 들어가는 것이 아니라, 지식과 경험을 통해 세상을 바라보는 방식이 성숙해지는 과정이다. 우리는 이제 단순한 정보 수집이 아니라, 그것을 어떻게 해석하고 활용할지를 고민해야 한다.

넓은 지식을 쌓되, 깊이 있는 탐구를 통해 그것을 자기 것으로 만들고, 이를 바탕으로 인생을 더욱 풍요롭게 살아가는 것—이것이 중년이 지성을 통해 얻을 수 있는 가장 큰 경쟁력이다.

우울 : 혼자와 함께

• 혼자

우울은 누구에게나 찾아올 수 있다. 특히 중년이 되면 인생의 무게를 더욱 깊이 체감하게 되면서 내면의 우울과 마주할 일이 많아진다. 혼자 있는 시간은 때때로 이러한 감정을 극복하는 과정에서 중요한 역할을 한다.

영국의 전설적인 수상 윈스턴 처칠은 극심한 우울증을 겪었다. 그는 자신의 우울함을 '검은 개(Black Dog)'라고 불렀고, 이로 인해 깊은 내면적 고통을 겪었다. 그러나 그는 이 우울감을 받아들이고, 혼자만의 시간을 활용해 그림을 그리고 글을 쓰며 내면을 치유했다. 처칠에게 혼자 있는 시간은 우울을 극복하고 자신의 정신을 다스리는 중요한 과정이었다.

철학자 프리드리히 니체는 "자기 자신과 깊이 대화할 수 있는 사람만이 인생을 지배할 수 있다"고 말했다. 때로는 혼자 있는 것이 필요하며, 자신의 감정을 깊이 들여다보는 과정이 우울을 극복하는 데 필수적일 수 있다. 혼자 있는 시간을 두려워하지 않고, 오히려 이를 자기 성찰과 성장의 시간으로 활용하는 것이 중요하다.

- 함께

　우울을 극복하는 또 다른 방법은 타인과의 관계 속에서 해답을 찾는 것이다. 혼자 있는 것이 내면을 돌보는 시간이라면, 함께하는 것은 삶을 회복하는 힘이 될 수 있다.

　세계적인 작가 J.K. 롤링도 한때 극심한 우울증을 앓았다. 싱글맘으로 힘든 시절을 보내던 그녀는 사회적 관계를 통해 위로받으며 이를 극복해 나갔다. 친구들과의 대화, 가족의 지지, 심리 상담 등을 통해 그녀는 자신의 감정을 조절하고, 결국 해리 포터 시리즈를 집필하며 세계적인 성공을 거두었다. 그녀에게 우울은 혼자 감당하는 것이 아니라, 함께 극복해 나가는 것이었다.

　또한, 세계적인 심리학자 마틴 셀리그만은 긍정심리학을 통해 우울을 극복하는 핵심 요소로 '연결'을 강조했다. 그는 인간이 본질적으로 타인과 연결될 때 더 큰 행복을 경험한다고 주장했다. 중년이 되어 우울함이 찾아올 때, 믿을 수 있는 사람들과의 관계를 통해 힘을 얻고 삶의 의미를 찾아가는 것이 중요하다.

• 우울의 균형

　우울은 혼자서 극복할 수도 있고, 함께 나누며 치유할 수도 있다. 중요한 것은 자신에게 맞는 방법을 찾고, 필요에 따라 혼자 있는 시간을 활용하거나, 사람들과 소통하며 도움을 받을 수 있어야 한다는 점이다.

　중년이 되면 우울을 무조건 피하려 하기보다, 그것을 인정하고 다스리는 방법을 배우는 것이 필요하다. 혼자 있는 시간을 통해 내면을 성찰하고, 함께하는 시간을 통해 위로받으며, 중년의 우울을 현명하게 극복하는 것이 삶을 더욱 풍요롭게 만들 것이다.

책임 : 버거움과 익숙함

• 버거움

책임은 삶을 살아가는 데 있어 필수적인 요소지만, 때때로 우리를 압박하는 무거운 짐이 되기도 한다. 중년이 되면 가정, 직장, 사회에서 맡아야 할 역할이 많아지면서 책임감이 버겁게 느껴질 때가 있다.

미국의 전설적인 대통령 프랭클린 D. 루스벨트는 대공황과 제2차 세계대전이라는 극한의 위기 속에서 미국을 이끌었다. 루즈벨트의 대통령직은 끝없는 책임의 연속이었다. 소아마비로 인해 신체적 한계를 극복하면서도, 국민들에게 희망을 주기 위해 끊임없이 노력하였다. 루즈벨트는 대공황 시기 연설을 통해, 두려움 그 자체가 사회를 마비시킬 수 있음을 경고하며 지도자의 말 한마디가 지닌 책임의 무게를 분명히 보여주었다.

또한, 테레사 수녀 역시 한 개인으로서는 감당하기 힘든 책임을 평생 짊어졌다. 그녀는 가난하고 병든 이들을 돌보며, 자신의 역할을 피하지 않고 끝까지 헌신했다. 책임이 버거울 때 그녀가 선택한 방법은 사랑과 희생을 통해 의미를 찾는 것이었다. 책임은 피하고 싶

을 때가 많지만, 이를 받아들이고 극복하는 과정에서
우리는 더욱 성장한다.

• 익숙함

책임이 계속해서 반복되면 우리는 그것에 익숙해질
수도 있다. 익숙함이란 책임을 감당하는 과정에서 생
기는 내면의 변화이며, 이를 통해 우리는 더 강한 사람
이 되어간다.

미국의 우주비행사 닐 암스트롱은 달 착륙이라는 역
사적 임무를 수행했다. 그의 어깨에는 인류 최초로 달
을 밟아야 한다는 엄청난 책임이 있었을 것이다. 하지
만 그는 긴장 속에서도 자신을 다잡으며, 그 책임을 자
연스럽게 받아들였다. 결국 그는 "한 인간에게는 작은
발걸음이지만, 인류에게는 위대한 도약"이라는 유명
한 말을 남기며 역사에 남았다. 그는 책임의 무게에 눌
리지 않고, 그것을 익숙하게 받아들이며 새로운 도전
을 향해 나아갔다.

넬슨 만델라 또한 오랜 투옥 생활을 겪으면서도 남
아프리카 공화국의 인종차별 철폐를 위한 책임을 다했
다. 그는 자신의 책임을 포기하지 않았고, 시간이 흐르
면서 그 책임이 그의 인생과 하나가 되었다. 그는 말년

에 "나는 길고 힘든 여행을 했지만, 돌아보면 그것이 나를 만들었다"라고 말했다. 이는 책임이 버겁게 느껴질지라도, 결국 우리의 일부가 되어 삶의 의미를 만들어간다는 것을 보여준다.

• **책임의 균형**

책임은 때로는 버겁지만, 익숙해지는 과정에서 우리의 내면을 더욱 단단하게 만든다. 중요한 것은 책임을 피하는 것이 아니라, 그 안에서 의미를 찾고 성장하는 것이다.

중년이 되면 책임이 줄어드는 것이 아니라 오히려 더욱 커진다. 하지만 그것을 받아들이고, 자신만의 방식으로 균형을 맞출 때 책임은 더 이상 짐이 아니라 삶의 원동력이 된다. 버거움을 인정하되, 익숙해지며 그 속에서 자신의 가치를 발견하는 것이 중년이 가져야 할 책임에 대한 태도다.

믿음 : 확인과 확신

- **확인**

  믿음은 무조건적인 신념이 아니라, 확인을 통해 더욱 견고해진다. 역사 속에서 믿음을 바탕으로 위대한 업적을 남긴 인물들은 단순한 맹신이 아니라, 끊임없는 검증과 경험을 통해 믿음을 강화해 나갔다.

  미국의 남북전쟁 당시, 에이브러햄 링컨은 노예 해방을 추진하며 자신의 신념이 옳은지 끊임없이 확인하기 위해 법적 조치와 국민적 지지를 통해 자신의 믿음을 실천해 나갔다는 것은 잘 알려져 있다. "나는 옳은 일을 하고 있다고 믿지만, 반드시 증거를 확인해야 한다."라는 그의 말은 믿음이 확인 과정을 거쳐야 한다는 점을 강조한다.

  또한, 과학의 발전 역시 믿음과 확인의 반복 과정 속에서 이루어진다. 갈릴레오는 천동설이 아닌 지동설을 주장했을 때, 기존의 학문적 권위를 맹목적으로 따르지 않고 직접 망원경을 통해 관찰하며 자신이 옳다는 것을 확인했다. 그의 신념은 단순한 주장이 아닌 과학적 증거에 기반한 것이었으며, 결국 시대를 앞서가는 지식을 남겼다.

• 확신

확인은 믿음을 쌓아가는 과정이라면, 확신은 이를 기반으로 더욱 강력한 신념을 형성하는 단계다. 확신을 가진 사람들은 어려움 속에서도 흔들리지 않고 목표를 향해 나아간다.

마하트마 간디는 비폭력 운동을 펼치며 영국의 식민 지배로부터 인도를 독립시키겠다는 확신을 가졌다. 그는 수많은 탄압과 고난을 겪었음에도 불구하고, 비폭력이 정의로운 길이라는 믿음을 저버리지 않았다. 그의 확신이 없었다면, 그는 쉽게 포기했을지도 모른다. 그러나 그는 자신의 신념을 끝까지 지켰고, 결국 인도는 독립을 이루었다.

또한, 테슬라의 창립자인 일론 머스크는 우주 탐사와 전기차 산업이 인류의 미래를 바꿀 것이라는 확신을 가지고 있었다. 수많은 실패에도 불구하고 그는 자신의 비전을 믿고 끝까지 밀어붙였고, 결국 세계적인 기업을 만들어냈다. 그의 확신은 단순한 희망이 아니라, 철저한 검증과 실천을 기반으로 한 것이었다.

• 믿음의 균형

믿음은 단순한 신념이 아니라, 확인을 통해 더욱 강

해지고 확신을 통해 더욱 단단해진다. 중년이 되면 우리는 수많은 경험을 통해 자신의 믿음을 검증할 기회를 얻는다. 중요한 것은 그 과정에서 유연성을 가지고, 필요할 때 확인하고, 때로는 확신을 가지고 나아간다.

그러나 확신은 우리를 앞으로 나아가게 하지만, 맹목적인 확신은 위험할 수 있다. 따라서 우리는 링컨처럼 증거를 확인하며 믿음을 발전시키고, 간디처럼 확신을 기반으로 신념을 지켜야 한다. 중년의 믿음은 단순한 고집이 아니라, 현실을 기반으로 한 지혜로운 신념이 되어야 한다.

소유 : 내 편과 너 편

• 내 편

소유는 인간의 본능적인 욕구 중 하나이며, 우리는 살아가면서 수많은 것들을 소유하게 된다. 그러나 '내 편'으로 여겨지는 것들을 소유하려는 욕망이 지나칠 경우, 삶의 균형을 깨뜨릴 수 있다.

헨리 포드는 자동차 산업을 혁신하며 엄청난 부를 축적했지만, 그는 소유의 의미를 단순한 개인적 이익이 아니라 공동체의 발전으로 확대하였다. 포드는 공장 노동자들에게 당시 기준으로 파격적인 높은 임금을 지급하며, 노동자들도 자동차를 소유할 수 있도록 했다. 그의 철학은 '소유'가 단순히 개인을 위한 것이 아니라, '내 편'인 공동체와 함께할 때 더 큰 가치를 지닌다는 것을 보여준다.

우리가 주목해야 할 인물은 또 있다. 무함마드 유누스는 방글라데시의 빈곤 문제를 해결하기 위해 '그라민 은행'을 설립하며 마이크로크레딧 개념을 도입하였다. 그는 자본이 없는 빈곤층에게 소액 대출을 통해 경제적 자립을 돕고, 이를 통해 공동체 전체의 삶을 개선하려 하였다. 유누스는 소유의 개념을 개인적 축적이 아닌 공동체의 번영으로 확장하여, 자본이 사회적 연대와 성장의 도구가 될 수 있음을 증명하였다. 이러한 소유 철학은 가난한 이들이 스스로 경제적 주체가 될 수 있도록 지원하며, '내 편'의 범위를 넓혔다.

• 너 편

소유에 대한 또 다른 중요한 관점은 '너 편'의 입장에서 바라보는 것이다. 나의 소유가 다른 사람과 어떤 관계를 맺느냐에 따라 소유의 가치는 달라진다.

빌 게이츠는 마이크로소프트를 통해 세계적인 부를 거머쥔 후, 그의 소유를 단순한 개인적 축적이 아니라 인류 전체를 위한 가치로 전환했다. 그는 자신이 가진 것을 다른 이들과 나누는 것이야말로 소유의 진정한 의미라고 믿었고, 빌 & 멀린다 게이츠 재단을 설립해 전 세계적으로 기부와 사회적 공헌을 실천하고 있다.

간디는 평생 최소한의 소유만을 유지하며, '너 편'의 가치를 실천한 대표적인 인물이다. 그는 물질적인 소유보다 정신적 가치와 공동체적 연대를 강조하며, 자신의 삶을 인도의 독립과 사회적 변화에 헌신했다. 그의 철학은 소유가 개인적 욕망을 채우기 위한 것이 아니라, 더 나은 세상을 만들기 위한 도구가 될 수 있음을 보여준다.

• 소유의 균형

소유는 단순한 물질적 축적이 아니라, 그것이 어떤 방식으로 활용되고 공유되는가에 따라 가치가 결정된다. '내 편'만을 위해 소유하려 한다면 이는 이기적인 집착으로 변할 수 있으며, '너 편'만을 위해 모든 것을 포기하는 것도 균형을 잃게 만든다.

중년이 되면 우리는 소유의 의미를 다시금 성찰할 기회를 얻는다. 내가 가진 것이 단순한 축적이 아니라, 내 주변과 세상을 위해 어떻게 쓰일 수 있는지를 고민하는 것이 중요하다. 소유는 결국 우리가 선택하는 방향에 따라 삶의 가치를 결정짓는 중요한 요소가 된다. 물질의 소유를 넘어 경험과 가치를 공유할 수 있는 삶, 그것이야말로 인생 후반부를 풍요롭게 만드는 진정한 소유의 길이 아닐까.

2장 RED

Golden Seed Planter

열정 : 냉정과 열정

솔직함 : 매력과 훈수

사랑 : 아픔과 치유

아름다움 : 미소와 뒷모습

건강 : 자신감과 겸손함

집중 : 해와 하지 마

행복 : 비움과 채움

용기 : 나아감과 물러섬

위기 : 긴담과 다시시작

봄 : 대화와 본능

열정 : 냉정과 열정

• 냉정

열정은 많은 사람이 성공과 성취의 원동력이라고 생각하지만, 냉정을 함께 갖추지 못하면 오히려 실패의 원인이 될 수 있다. 냉정함은 열정을 지속시키는 힘이며, 순간적인 감정에 휩쓸리지 않도록 돕는 역할을 한다. 잭 웰치는 제너럴 일렉트릭(GE)을 세계적인 기업으로 성장시키며 "경영의 신"으로 불렸다. 그러나 그 과정은 결코 순탄치 않았다. 그는 CEO로 취임한 후 냉정하게 회사의 구조적 문제를 분석하고, 비효율적인 사업 부문을 과감하게 정리하였다. 감정에 치우쳐 기존의 전통을 고수하거나 인기에 영합하지 않고, 냉철한 전략을 통해 GE를 혁신적으로 재편성하였다. 이러한 냉정한 판단 덕분에 GE는 글로벌 시장에서 경쟁력을 유지할 수 있었다. 잭 웰치의 사례는 열정적 비전과 함께 냉정한 현실 인식을 갖추었기에 가능했던 성공이다. 또한, 일본의 기업가 이나모리 가즈오는 교세라와 KDDI를 창업하며 사업을 성공으로 이끌었다. 그는 철저한 숫자 분석과 전략적 사고를 기반으로 회사를 운영하며 감정적인 결정을 피했다. 냉정함 없이 열정만으로 움직였더라면, 그는 지속적인 성공을 거두지 못했을 것이다.

• **열정**

냉정함만으로는 위대한 성취를 이룰 수 없다. 열정은 새로운 도전과 목표를 이루기 위한 강력한 추진력이 되며, 이를 통해 불가능해 보였던 일들이 현실이 된다. 세기의 탐험가 어니스트 새클턴은 남극 탐험 중 배가 얼음에 갇히는 위기를 맞았지만, 결코 포기하지 않았다. 그는 팀원들에게 희망을 심어주며 끝까지 열정을 잃지 않았고, 결국 기적적으로 전원이 살아남는 결과를 이끌어냈다. 그의 열정이 없었다면, 팀원들은 생존을 포기했을 수도 있었다.

패션 디자이너 코코 샤넬은 20세기 초 여성들이 기존의 불편한 복장에서 벗어나도록 새로운 패션을 제시했다. 그녀의 열정은 기존 사회적 틀을 깨고 여성들에게 더 자유로운 삶을 제공하는 혁신으로 이어졌다. 그녀는 자신의 비전을 끝까지 밀고 나가는 열정으로 패션계를 변화시켰다.

• 열정의 균형

중년이 되면 우리는 단순히 뜨거운 열정만을 가지고 살아갈 수 없다. 중요한 것은 열정과 냉정의 균형을 맞추는 것이다. 열정은 우리를 앞으로 나아가게 하지만, 냉정함이 없다면 길을 잃을 수 있다. 반대로 냉정함만 있다면 도전과 혁신의 기회를 놓칠 수 있다. 우리는 때로는 냉정을 유지하며 현실을 직시하고, 때때로 열정을 품고 도전을 멈추지 않는 것이 중요하다. 중년의 열정은 단순한 감정이 아니라, 신중한 전략과 현실적인 실행력을 동반할 때 더욱 강한 힘을 발휘한다.

솔직함 : 매력과 푼수

• **매력**

솔직함은 사람에게 강한 인상을 남기며, 매력적인 요소가 될 수 있다. 진정성이 담긴 솔직함은 신뢰를 구축하고, 상대방과 깊은 관계를 맺게 만든다.

미국의 전설적인 방송인 오프라 윈프리는 솔직함을 자신의 브랜드로 삼아 큰 성공을 거둔 대표적인 사례다. 그녀는 자신의 힘든 어린 시절과 인생의 역경을 솔직하게 이야기하면서도, 이를 통해 시청자들에게 공감과 감동을 선사했다. 그녀의 솔직함은 단순한 감정 표현이 아니라, 다른 사람들에게 용기를 주는 힘이 되었다.

일본의 저명한 소설가 무라카미 하루키는 글을 통해 자신의 삶과 생각을 솔직하게 드러낸다. 그는 소설 속에서 인간의 외로움과 내면의 갈등을 담담하게 풀어내며 독자들과 깊은 유대감을 형성했다. 그의 솔직한 문체는 전 세계 독자들에게 공감을 얻으며, 그의 작품을 특별하게 만들었다.

• 푼수

솔직함이 지나치면 가벼워 보이거나, 때로는 경솔한 인상을 줄 수도 있다. 솔직함이 매력이 되려면 타인과의 관계에서 적절한 균형을 유지하는 것이 중요하다.

코미디언 짐 캐리는 특유의 솔직하고 즉흥적인 개그 스타일로 세계적인 사랑을 받았다. 그러나 그는 한때 너무 과한 행동과 직설적인 발언으로 오해를 사기도 했다. 결국 그는 솔직함의 강도를 조절하며, 자신의 개그가 단순한 장난이 아니라 메시지를 전달하는 도구가 되도록 만들었다.

마이크로소프트 창업자인 빌 게이츠 또한 초기 경영 시절 지나치게 직설적인 스타일로 직원들과의 마찰을 빚었다. 하지만 그는 피드백을 수용하며 보다 균형 잡힌 소통 방식을 익혔고, 결과적으로 회사의 문화를 개선하는 데 기여했다. 솔직함은 때로는 불필요한 갈등을 초래할 수도 있기에, 상대와의 관계 속에서 조절이 필요하다.

• 솔직함의 균형

솔직함은 강력한 매력이 될 수 있지만, 때로는 푼수처럼 보일 위험도 있다. 진정성 있는 솔직함은 사람들에게 신뢰를 주고, 관계를 더욱 깊게 만들지만, 지나친 솔직함은 상대방을 불편하게 만들 수도 있다.

중년이 되면 우리는 솔직함의 강도를 조절하는 지혜를 배워야 한다. 적절한 솔직함은 우리를 더욱 매력적으로 만들지만, 지나친 직설은 오히려 인간관계를 해칠 수 있다. 신뢰를 쌓으면서도 상대방을 배려하는 솔직함이야말로, 중년의 경쟁력을 높이는 중요한 요소이다.

사랑 : 아픔과 치유

• 아픔

사랑은 종종 기쁨을 주지만, 때로는 깊은 아픔을 남기기도 한다. 특히 중년이 되면 사랑의 형태가 변화하며, 이별과 상실의 경험이 더욱 잦아진다. 사랑하는 사람과의 이별, 관계의 변화는 우리를 아프게 하지만, 이러한 아픔이 인생의 깊이를 더하는 계기가 될 수 있다.

프랑스의 작가 빅토르 위고는 사랑하는 여인을 잃은 후 깊은 슬픔에 빠졌다. 그는 그녀를 떠나보낸 고통 속에서 『레 미제라블』을 집필하며, 사랑과 희망에 대한 깊은 통찰을 남겼다. 사랑의 아픔을 문학으로 승화한 그의 사례는, 감정의 고통이 새로운 창조로 이어질 수 있음을 보여준다.

미국의 퍼스트레이디였던 재클린 케네디는 남편 존 F. 케네디 대통령을 암살로 잃은 후 큰 상실감을 겪었다. 그러나 그녀는 슬픔 속에서도 자녀를 위해 강해지기로 결심했고, 이후 자신의 삶을 개척하며 문화와 예술에 기여하는 인물로 거듭났다. 그녀의 사례는 사랑의 아픔을 극복하는 과정에서 새로운 의미를 발견하는 법을 가르쳐준다.

• 치유

사랑이 주는 아픔을 극복하는 과정에서 우리는 치유를 경험한다. 시간이 흐르면서 사랑의 아픔은 새로운 관계와 경험을 통해 서서히 아물게 된다.

철학자 키르케고르는 한때 사랑에 실패한 후 깊은 절망에 빠졌지만, 이를 계기로 사랑과 인간 존재에 대한 깊은 사색을 펼쳤다. 그는 사랑이 단순한 감정이 아니라, 인간을 성장시키는 과정임을 깨달았다. 그의 철학은 사랑의 상처가 우리를 더욱 깊이 있는 존재로 만들어 준다는 사실을 보여준다.

또한, 세계적인 성악가 루치아노 파바로티는 사랑하는 가족을 잃은 후 노래를 통해 아픔을 치유했다. 그는 음악을 통해 감정을 승화시키며, 자신뿐만 아니라 수많은 사람들에게 위로를 전했다. 사랑의 아픔이 새로운 예술과 감동으로 이어질 수 있음을 보여주는 사례다.

• 사랑의 균형

사랑은 아픔과 치유가 공존하는 감정이다. 우리는 사랑 속에서 상처를 받기도 하지만, 그 과정 속에서 더욱 성숙해진다. 중년이 되면 사랑의 형태가 달라지고,

새로운 의미를 찾게 된다. 중요한 것은 사랑의 아픔을 두려워하지 않고, 그것을 통해 삶의 깊이를 더해가는 것이다.

사랑은 단순한 감정이 아니라, 인간을 성장시키는 과정이다. 우리는 아픔을 경험하며 더욱 성숙해지고, 치유를 통해 다시 사랑할 수 있는 힘을 얻는다. 중년의 사랑은 단순한 열정이 아니라, 인생의 경험과 함께 깊어지는 과정이다.

아름다움 : 미소와 뒷모습

• 미소

아름다움은 외적인 요소에서 비롯되는 것이 아니라, 내면에서 우러나오는 것이 진정한 가치를 지닌다. 특히 미소는 사람을 더욱 매력적으로 만드는 가장 강력한 요소 중 하나다. 미소는 단순한 얼굴의 움직임이 아니라, 삶을 대하는 태도이기도 하다.

오드리 헵번은 그녀의 아름다움으로 유명했지만, 그녀가 더욱 특별했던 이유는 그녀의 미소와 따뜻한 마음이었다. 그녀는 "행복한 여성이 가장 아름답다"라고 말하며, 외적인 아름다움보다 내면의 기쁨과 따뜻함이 더 중요하다는 점을 강조했다. 그녀는 유니세프 친선 대사로 활동하며 어려운 환경에 처한 아이들을 돕는 데 헌신했으며, 그녀의 미소는 단순한 아름다움이 아닌 사랑과 희망을 전달하는 도구였다.

마더 테레사는 외적으로 화려한 사람이 아니었지만, 그녀의 미소는 수많은 사람들에게 위로와 힘을 주었다. 그녀는 가난하고 병든 사람들을 돌보며, 삶이 힘겨운 순간에도 항상 미소를 잃지 않았다. 그녀의 미소는 단순한 표정이 아니라, 내면에서 우러나온 사랑과 헌신의 결과였다.

• 뒷모습

아름다움은 단지 현재의 모습이 아니라, 우리가 남기는 흔적에도 존재한다. 사람이 떠난 후 남겨진 뒷모습이야말로 그 사람의 인생을 가장 잘 보여주는 요소일 수 있다. 중년이 되면서 우리는 과거보다 미래를 더 깊이 생각하게 되며, 우리의 뒷모습이 어떻게 기억될지를 고민하게 된다.

영국의 수상 윈스턴 처칠은 제2차 세계대전에서 영국을 승리로 이끌었지만, 그의 정치 인생은 결코 순탄하지 않았다. 그러나 그는 마지막 순간까지 신념을 지켰고, 그의 리더십과 업적은 오늘날까지도 존경받고 있다. 그는 "역사는 나를 선하게 평가할 것이다. 나는 그것을 위해 열심히 노력했기 때문이다"라고 말하며, 자신의 뒷모습이 후대에 어떤 영향을 미칠지를 깊이 고민했다.

또한, 일본의 철학자 이나모리 가즈오는 기업 경영에서 '인격'을 가장 중요한 요소로 강조했다. 그는 회사를 운영하면서 단기적인 이익보다 장기적인 가치를 우선하며, 직원들에게 올바른 정신과 도덕성을 심어주려 했다. 그가 떠난 후에도 그의 경영 철학은 후대에 이어지고 있으며, 그의 뒷모습은 많은 사람들에게 교훈이 되고 있다.

• 아름다움의 균형

아름다움은 순간적인 것이 아니라, 지속적인 가치로 남아야 한다. 미소는 현재의 아름다움을 의미하며, 뒷모습은 우리가 남기는 유산을 상징한다. 중년이 되면서 우리는 단순히 젊음을 유지하는 것이 아니라, 어떤 모습으로 삶을 마무리할 것인지 고민해야 한다.

우리는 미소를 통해 현재를 아름답게 만들고, 뒷모습을 통해 미래를 더욱 가치 있게 만들 수 있다. 중년의 아름다움은 단순한 외적 요소가 아니라, 살아온 흔적과 남겨질 기억 속에서 더욱 빛나기 때문이다.

건강 : 자신감과 겸손함

• 자신감

건강은 단순히 몸이 튼튼한 상태를 의미하는 것이
아니다. 건강한 몸과 마음은 우리가 세상을 대하는 태도
를 결정하며, 자신감을 형성하는 중요한 요소가 된다.

철학자 니체는 정신보다 신체의 우월성을 강조하며,
강인한 삶의 의지는 결국 건강한 몸이라는 토대에서
시작된다고 역설했다. 신체적인 건강은 단순한 생존을
넘어, 삶에 대한 태도를 결정하는 중요한 역할을 한다.
꾸준한 운동과 올바른 식습관을 통해 신체적 건강을
유지하는 사람들은 자연스럽게 자신감이 넘친다. 자신
감은 외모에서 비롯되는 것이 아니라, 건강한 신체와
강한 정신에서 나오는 것이다.

미국의 전설적인 농구 선수 마이클 조던은 운동뿐만
아니라, 건강한 몸을 유지하는 것이 경기력뿐만 아니
라 그의 정신력에도 큰 영향을 미친다고 믿었다. 그는
지속적인 훈련과 자기 관리를 통해 자신감을 키웠고,
극한의 압박 속에서도 자신을 믿고 경기를 이끌어나갔
다. 건강한 몸을 가짐으로써 그는 자신의 능력을 극대
화할 수 있었고, 그의 자신감은 팀과 팬들에게도 큰 영

향을 미쳤다.

• **겸손함**

중년의 건강이 자만심으로 이어져서는 안 된다. 건강을 유지하는 것은 자신감을 키우는 과정이지만, 동시에 인간의 유한성을 깨닫는 과정이기도 하다. 나이가 들수록 우리는 몸이 예전과 같지 않음을 느끼게 된다. 이때 필요한 것이 바로 겸손함이다.

철학자 소크라테스는 "나는 내가 모른다는 것을 안다"라고 말했다. 이는 건강에도 적용될 수 있다. 우리는 언제든지 병에 걸릴 수 있고, 몸이 약해질 수 있다는 사실을 인지할 때, 건강을 더욱 소중히 여기게 된다. 겸손한 태도로 건강을 관리하는 사람들은 자신의 한계를 인정하고, 지속적으로 몸을 돌보는 습관을 유지한다.

일본의 저명한 작가 무라카미 하루키는 달리기를 통해 신체적 건강과 정신적 균형을 유지해왔다. 그는 "나는 달리기를 통해 몸과 마음을 다스린다"라고 말하며, 건강이 단순한 신체적 요소가 아니라, 내면의 평온과 연결된다는 점을 강조했다. 그는 나이가 들어가면서도 자신의 몸을 과신하지 않고, 꾸준히 관리하는 겸손한 태도를 유지했다.

• 건강의 균형

중년이 되면 우리는 건강을 단순한 신체적 상태가 아니라, 삶의 태도와 연결된 요소로 바라보게 된다. 자신감과 겸손함의 균형을 맞추는 것이 중요하다. 건강을 유지함으로써 우리는 더욱 자신감 넘치는 삶을 살 수 있지만, 동시에 우리의 한계를 인정하고 겸손함을 유지해야 한다.

건강은 단순한 신체적 상태가 아니라, 우리의 삶을 어떻게 살아가느냐를 결정하는 중요한 요소다. 자신감을 키우되, 겸손함을 잃지 않는 것이야말로 중년 이후의 건강한 삶을 만들어가는 핵심이다.

싫증 : 해와 하지 마

• 해

　싫증은 인간의 본능적 감정이다. 반복되는 일상 속에서 우리는 쉽게 지루함을 느끼고, 새로운 것을 갈망한다. 싫증은 마치 삶의 고요한 호수에 던져진 작은 돌멩이처럼, 일상의 평온을 깨뜨리며 변화를 요구한다. 하지만 이때 중요한 것은 '싫증을 극복하는 방식'이다. 단순히 불쾌한 감정으로 여겨 외면하는 것이 아니라, 그 감정을 긍정적 에너지로 전환하는 지혜가 필요하다.

　철학자 장 폴 사르트르는 인간이 본질적으로 자유롭기에 스스로 삶의 의미를 채워나가야 하며, 그 과정에서 마주하는 지루함은 자유에 따르는 필연적인 고독이라고 역설하였다. 인간은 선택할 자유가 있는 존재이기에, 무언가에 싫증을 느끼는 것은 어찌 보면 자연스러운 일이다. 싫증은 단순히 부정적인 감정이 아니라, 변화를 촉진하는 원동력이 될 수도 있다. 오히려 우리는 이 감정을 통해 고정된 틀에서 벗어나 새로운 시도를 할 수 있는 용기를 얻는다. 우리가 하는 일에 싫증을 느낀다면, 그것을 포기하는 것이 아니라 새로운 의미를 찾아야 한다.

예를 들어, 피카소는 한 가지 화풍에 안주하지 않았다. 그는 고전적 사실주의부터 입체파, 초현실주의에 이르기까지 다양한 스타일을 실험하며 변화했다. 그의 예술 여정은 끊임없는 자기 혁신과 도전의 연속이었다. 피카소에게 싫증은 단순한 권태감이 아니라, 예술적 탐구를 자극하는 원동력이었다. 그는 싫증을 창조의 원동력으로 삼아 끊임없이 새로운 기법과 색채를 탐구했다. 그의 변화무쌍한 예술 세계는 싫증을 두려워하지 않고, 오히려 이를 활용했기에 가능했다.

스티브 잡스 역시 한 가지 기술과 디자인에 안주하지 않고, 새로운 도전을 통해 끊임없이 혁신을 이끌어냈다. 애플의 제품들은 한 번의 성공에 머무르지 않고 지속적인 개선과 변화를 통해 현대인의 삶을 풍요롭게 했다. 잡스의 철학은 변화를 두려워하지 않는 것이었으며, 싫증이야말로 도전을 위한 출발점이라고 여겼다.

• 하지 마

모든 싫증이 도전과 창조로 이어지는 것은 아니다. 때로는 싫증이 인내와 성숙을 요구할 때도 있다. 중년이 되면서 우리는 새로운 자극을 쫓기보다, 한 가지를 꾸준히 지속하는 힘을 길러야 할 때가 많다. 인생에서 중요한 가치와 목표를 달성하기 위해서는 변화를 거부하고 깊이를 더하는 것이 필요할 때가 있다.

일본의 스시 장인 지로 오노는 80년 이상 같은 일을 반복하며 완벽을 추구했다. 그는 "좋아하는 일을 싫증 내지 않고 지속할 수 있는 사람이 진짜 장인"이라고 말했다. 싫증을 느끼는 순간에도 그는 기술을 정교하게 다듬으며, 매일 반복되는 일상 속에서도 작은 변화를 통해 성장했다. 그의 철학은 '하지 마'의 가치가 무엇인지를 보여준다. 때때로 우리는 변화를 갈망하기보다, 깊이를 더하는 것이 필요하다.

철학자 임마누엘 칸트는 평생 규칙적인 생활을 유지하며 연구에 몰두했다. 그는 매일 같은 시간에 산책을 하고, 정해진 시간에 글을 쓰며 자신의 철학 체계를 확립했다. 칸트의 삶은 변화를 거부하고도 깊이를 더할 수 있는 사례를 보여준다. 그는 지루함을 피하려 하지 않았고, 오히려 규칙적인 생활 속에서 철학적 사유를 깊이 있게 발전시켰다. 이는 싫증을 피하는 것이 아니라, 그것을 내면의 성찰로 전환할 수 있음을 시사한다.

• 싫증의 균형
싫증은 단순한 권태가 아니라, 우리의 선택에 따라

성장이 될 수도, 나태함이 될 수도 있다. 중요한 것은 '해'와 '하지 마' 사이에서 균형을 찾는 것이다. 어떤 경우에는 과감한 변화가 필요하지만, 때로는 싫증을 극복하며 지속하는 것이 더 큰 의미를 가질 수 있다.

　중년이 되면 우리는 더욱 많은 선택을 해야 한다. 단조롭고 반복되는 삶 속에서 싫증은 불가피하지만, 그 감정을 어떻게 받아들이고 활용할 것인가는 우리의 몫이다. 싫증을 느낄 때마다 단순히 새로운 것을 찾는 것이 아니라, 그것이 변화가 필요한 순간인지, 아니면 인내해야 할 순간인지 고민하는 것이 중요하다.

　우리의 인생은 때로는 고요하게, 때로는 역동적으로 흐른다. 싫증을 현명하게 다루는 것이야말로 중년의 삶을 더욱 깊이 있게 만들어줄 것이다. 반복의 힘과 변혁의 용기 사이에서 조화롭게 살아갈 때, 우리는 삶의 참된 가치를 발견할 수 있다.

행복 : 비움과 채움

• 비움

행복은 종종 우리가 가진 것에서 오는 것이 아니라, 우리가 내려놓을 때 더 분명하게 드러난다. 불필요한 욕망과 집착을 내려놓을 때, 우리는 삶의 본질적인 기쁨을 발견할 수 있다.

불교에서는 '무소유'의 철학을 강조한다. 법정 스님은 "비우면 비울수록 가벼워지고, 가벼울수록 자유로워진다"고 말했다. 우리가 불필요한 욕망을 덜어낼 때, 마음속에 더 많은 공간이 생기며, 그것이 행복으로 이어진다.

철학자 에픽테토스는 "우리는 우리가 가진 것이 아니라, 그것을 어떻게 바라보느냐에 따라 행복해진다"고 말했다. 물질적 풍요가 아닌 내면의 충만함이 진정한 행복이라는 그의 사상은, 현대를 살아가는 우리에게도 중요한 교훈을 준다.

• 채움

행복이 단순한 비움만으로 완성되는 것은 아니다. 우리는 삶을 채워가는 과정에서도 행복을 찾는다. 배움, 경험, 관계는 우리를 더욱 풍요롭게 만들며, 삶의 의미를 깊게 한다.

미국의 철학자 윌리엄 제임스는 "행복은 성취에서 오는 것이 아니라, 성취를 향해 나아가는 과정에서 온 다"고 말했다. 우리가 목표를 향해 나아가며 성장하는 과정 자체가 삶을 가치 있게 만들고, 결국 채움을 통해 우리는 더 큰 만족을 얻을 수 있다.

헬렌 켈러는 시각과 청각을 잃은 상태에서도 배움을 통해 삶을 채웠고, 이를 통해 자신뿐만 아니라 수많은 사람들에게 희망을 주었다. 그녀의 인생은 행복이 단 순히 주어진 것이 아니라, 스스로 채워나가는 것임을 보여준다.

• **행복의 균형**

비움과 채움은 상반되는 개념이 아니라, 함께 조화 를 이룰 때 더 큰 행복을 만든다. 비움을 통해 마음의 여유를 찾고, 채움을 통해 삶의 의미를 더하는 것이 중 요하다.

중년이 되면 우리는 과거보다 더 많은 것을 소유하 고 있지만, 동시에 더 많은 것을 내려놓아야 할 시점에 다다른다. 불필요한 것들을 비우면서도, 삶을 가치 있는 것들로 채워가는 과정 속에서 우리는 더욱 깊은 행복을 경험할 수 있다.

행복은 단순한 감정이 아니라, 우리가 비우고 채우는 선택 속에서 완성된다. 중년의 행복은 물질적 풍요가 아니라, 내면의 평온과 성장 속에서 더욱 빛을 발한다.

용기 : 나아감과 물러섬

• **나아감**

　용기는 흔히 도전하고 앞으로 나아가는 힘으로 여겨진다. 위험을 감수하고, 두려움을 극복하며, 새로운 길을 개척하는 것—이것이 우리가 생각하는 '용기'의 전형적인 모습이다.

　철학자 키르케고르는 "용기란 두려움을 직면하면서도 행동하는 것"이라고 말했다. 이는 용기가 단순히 무모한 돌진이 아니라, 내면의 갈등을 극복하고 신념을 따르는 과정임을 의미한다.

　용기는 단순히 두려움을 극복하는 것이 아니라, 자신이 믿는 가치를 끝까지 지키는 힘이다. 때로는 그 길이 외롭고 고통스러울지라도, 신념을 포기하지 않는 것이 진정한 용기다.

　한국의 독립운동가 유관순은 일제의 탄압 속에서도 민족의 자존을 외치며 목숨을 걸고 만세운동을 주도했다. 그녀는 감옥에 갇힌 후에도 굴하지 않고 조국의 자유를 갈망하며 의연하게 맞섰다. 온몸이 부서져가면서도 끝까지 신념을 지켰던 그녀의 용기는 단순한 무모함이 아니라, 민족의 존엄을 지키고자 한 강력한 의지였다.

 사람들은 때로 그런 용기를 비합리적이거나 무모하다고 비난할지도 모른다. 하지만 용기란 반드시 합리적 계산 속에서 나오는 것이 아니다. 오히려 그것은 삶의 본질적 가치를 지키기 위한 치열한 자기 투쟁이다. 유관순의 용기는 현실의 두려움에 굴복하지 않고 인간으로서의 존엄과 자유를 끝까지 외친 데에 있었다.

 진정한 용기는 단순히 상대를 이기기 위한 힘이 아니라, 자신을 극복하고 신념을 지키기 위한 내면의 힘이다. 유관순의 희생은 단순히 개인의 투쟁이 아닌, 민족의 정신을 일깨운 하나의 불꽃이었다. 그 불꽃은 오늘날까지도 많은 이들에게 용기의 본질이 무엇인지 생각하게 만든다.

 용기는 결국 자기 자신과의 싸움에서 비롯된다. 현실의 두려움과 고통을 마주하면서도 자신의 가치를 끝까지 붙들고자 하는 것—그것이야말로 가장 순수하고 강력한 용기의 형태일 것이다.

 아멜리아 에어하트는 여성 비행사로서 전례 없는 도전을 감행했다. 그녀는 사회적 편견과 기술적 한계를 극복하며, 하늘을 향한 꿈을 실현했다. 그녀의 용기는 단순한 도전이 아니라, 여성들에게 새로운 가능성을 열어준 상징적인 의미를 가졌다. 그녀의 비행은 단순한 기술적 성취를 넘어선 사회적 혁신이었고, 용기 있는 한 사람이 세상을 바꿀 수 있음을 증명했다.

• 물러섬

용기는 반드시 전진하는 것만을 의미하지 않는다. 때로는 물러서고, 기다리고, 때를 아는 것이 더 큰 용기가 될 수 있다. 무조건적인 돌진이 아니라, 상황을 정확히 판단하고 더 나은 방향을 모색하는 것이야말로 성숙한 용기의 한 형태다.

철학자 노자는 "흐르는 물은 장애물을 만나면 돌아간다"고 했다. 이는 강함이 아니라 유연함이 진정한 생존의 원칙임을 시사한다. 삶에서 모든 갈등과 도전에 맞서기보다는, 때로는 흐름에 몸을 맡기며 자연스럽게 돌아갈 줄 아는 지혜가 필요하다.

김대중 전 대통령은 군사정권의 탄압 속에서 수차례 목숨을 위협받았고, 사형선고까지 받았으나 물러설 줄 아는 용기를 보여주었다. 그는 반정부 운동의 선봉에 서 있었지만, 자신의 목숨과 민주주의의 미래를 위해 잠시 물러나 해외로 망명하기도 했다. 무모하게 맞서기보다 생존을 통해 민주화의 씨앗을 지키려 한 것이다.

더 나아가 대통령 재임 시절에도 남북 화해와 협력
이라는 큰 목표를 위해 과거의 적대감을 내려놓고 남
북 정상회담을 성사시켰다. 그는 과거 독재 정권으로
부터 받은 고통과 원한을 뛰어넘어, 한반도의 평화를
위해 상대를 포용하고 대화의 장을 열었다. 김대중의
물러섬은 단순한 후퇴가 아닌, 더 큰 미래를 위한 전략
적 선택이었다.

• 용기의 균형

용기는 단순한 돌진이 아니다. 진정한 용기는 언제
나아가야 할지를 알고, 언제 물러서야 할지를 아는 것
이다. 우리는 중년이 되면서 더 이상 무모한 도전을 하
지 않지만, 그렇다고 용기를 잃어버려서도 안 된다. 때
로는 새로운 길을 개척하고, 때로는 한 걸음 물러서며
삶을 조율하는 것—이것이 성숙한 용기의 모습이다.

중년의 용기는 젊은 시절의 혈기와는 다르다. 그것
은 더 깊은 통찰과 신중한 결정을 바탕으로 한 균형 잡
힌 태도에서 비롯된다. 나아가야 할 때를 알고, 물러서
야 할 때를 아는 것—이것이 진정한 용기의 완성이다.

진정한 용기는 상황과 맥락에 따라 나아감과 물러섬
을 구별하는 지혜에서 비롯된다. 무조건적인 도전도,

무작정 피하는 것도 아닌, 삶의 흐름 속에서 때를 분별할 줄 아는 균형 잡힌 태도—그것이야말로 중년의 삶을 더욱 풍요롭게 만드는 용기의 본질이다.

위기 : 견딤과 다시 시작

• **견딤**

　위기는 누구에게나 찾아온다. 중요한 것은 우리가 그것을 어떻게 견디느냐이다. 고대 그리스 철학자 스토아 학파는 위기를 대하는 태도에 대해 강조하며, "어떤 상황에서도 흔들리지 않는 마음을 유지하는 것이 중요하다"고 말했다. 이는 오늘날까지도 현대인들에게 유효한 교훈이 된다.

　프랭클린 D. 루스벨트는 대공황이라는 극심한 경제적 위기 속에서 미국을 이끌었다. 그는 단순한 정치적 구호가 아니라, 현실을 받아들이고 국민들에게 희망을 주는 실질적인 정책을 추진하며 나라를 회복시켰다. 그의 인내와 신념은, 위기를 단순한 시련이 아니라 다시 시작할 기회로 바꾸는 힘이 되었다.

　넬슨 만델라는 남아프리카 공화국의 인종차별 철폐를 위해 평생을 바쳤다. 그는 27년간의 감옥 생활 동안 분노와 절망에 빠지는 대신, 자신이 해야 할 일을 묵묵히 견뎠다. 그가 감옥에서 나온 후 선택한 것은 복수가 아니라 화해였고, 결국 그는 남아공을 변화시키는 위대한 지도자가 되었다.

· 다시 시작

견디는 것만으로는 충분하지 않다. 우리는 다시 시작할 용기도 필요하다. 위기는 종종 변화의 기회가 된다. 중요한 것은 우리가 그것을 어떻게 받아들이고, 어떤 방향으로 나아가느냐다.

일본의 기업가 마쓰시타 고노스케는 어린 시절 가난 속에서 자랐지만, 자신만의 철학을 바탕으로 파나소닉을 세계적인 기업으로 성장시켰다. 그는 경제적 실패와 위기를 겪을 때마다 이를 배우고 도약하는 기회로 삼았다. "위기는 성장의 또 다른 얼굴"이라는 그의 말처럼, 그는 계속해서 변화를 모색하며 재도약했다.

세계적인 테니스 선수 안드레 애거시는 한때 슬럼프에 빠졌지만, 자신을 되돌아보며 다시 시작했다. 그는 경기에서 패배하는 경험을 통해 내면의 강인함을 길렀고, 결국 다시 정상에 올랐다. 그의 사례는 실패가 끝이 아니라, 다시 시작할 기회임을 보여준다.

· 위기의 균형

위기를 견디는 것은 중요하지만, 그에 머무르지 않고 다시 시작할 용기를 내는 것이 더욱 중요하다. 우리는 중년이 되면서 수많은 위기를 경험하지만, 그 위기가 삶을 멈추게 하는 것이 아니라, 오히려 새로운 시작을 위한 원동력이 될 수 있음을 깨닫게 된다.

중년의 경쟁력은 단순히 실패를 피하는 것이 아니라, 실패를 통해 배우고 다시 일어서는 힘에서 나온다. 견디되 멈추지 않고, 다시 시작하되 무모하지 않게—이것이 중년을 더욱 단단하게 만들어주는 지혜다.

몸 : 대화와 본능

• 대화

우리의 몸은 끊임없이 우리와 대화하고 있다. 그러나 우리는 종종 그 신호를 무시한 채 바쁜 일상 속에서 몸을 혹사시키곤 한다. 철학자 메를로-퐁티는 "몸은 단순한 기계가 아니라, 세상을 경험하는 주체"라고 말했다. 그는 몸과 마음이 분리된 것이 아니라, 몸을 통해 우리가 세상을 이해하고 받아들인다고 주장했다.

운동선수였던 무하마드 알리는 몸과의 대화를 통해 자신의 경기력을 극대화했다. 그는 신체적 한계를 직시하고, 몸이 보내는 신호에 귀 기울이며 훈련과 회복을 조절했다. 그의 철학은 단순한 강인함이 아니라, 자신의 몸과 긴밀하게 소통하는 것이었다.

요가와 명상은 몸과의 대화를 촉진하는 대표적인 방법이다. 인도의 요기 파탄잘리는 "몸의 소리에 귀 기울이는 것이 곧 마음을 다스리는 길"이라고 말했다. 우리가 몸의 피로와 필요를 인식할 때, 더욱 건강한 삶을 설계할 수 있다.

• 본능

몸은 이성과 감성을 넘어 본능적인 지혜를 가지고 있다. 때로는 깊이 고민하지 않아도 몸이 먼저 반응하는 경우가 있다. 본능은 단순한 충동이 아니라, 생존을 위한 고도의 학습 과정에서 형성된 중요한 감각이다.

철학자 니체는 "몸은 그 자체로 하나의 위대한 이성"이라고 말했다. 그는 우리가 머리로만 판단하는 것이 아니라, 몸이 느끼는 감각과 직관을 신뢰할 필요가 있다고 주장했다. 우리의 직감과 감각은 오랜 경험과 학습을 통해 축적된 중요한 자산이며, 이를 존중하는 것이 삶을 더욱 풍부하게 만든다.

전설적인 무술가 브루스 리는 몸과 본능을 조화롭게 활용한 인물이었다. 그는 "생각하지 말고, 느껴라"라는 말을 남기며, 몸이 익힌 기술과 감각을 신뢰하는 것이 중요하다고 강조했다. 훈련을 통해 얻은 본능적인 움직임이야말로, 순간의 판단을 더욱 정확하게 만든다는 것이다.

• 몸의 균형

몸과의 건강한 관계를 유지하려면 대화와 본능의 균형이 필요하다. 몸이 보내는 신호를 무시하지 않고 귀 기울이되, 때로는 본능적 감각을 신뢰하며 자연스럽게 움직이는 것이 중요하다.

중년이 되면 우리는 신체의 변화를 더욱 민감하게 경험한다. 무리하지 않으면서도 몸을 단련하고, 몸의 신호를 받아들이며 본능과의 균형을 찾을 때, 우리는 더욱 건강하고 조화로운 삶을 살아갈 수 있다.

5장 BLACK

Rain Make

진분싱 : 지식과 지혜

권위 : 엄격함과 부드리움

프로다움 : 결과와 과정

일 : 보상과 가치

원숙 : 여유와 조급함

죽음 : 낯섬음과 익숙함

강함 : 어머니와 아버지

우아함 : 마음과 외모

신비 : 꿈과 현실

악마 : 직인과 조인

전문성 : 지식과 지혜

• 지식

　전문성이란 단순히 많은 지식을 쌓는 것만을 의미하지 않는다. 지식은 경험과 학습을 통해 축적되지만, 그 자체로는 불완전한 요소이다. 중요한 것은 지식을 어떻게 활용하고, 그것이 어떤 의미를 가지는지를 이해하는 것이다.

　철학자 플라톤은 "지식은 단순한 정보가 아니라, 그것이 어떻게 사용되는지에 달려 있다"고 말했다. 이는 우리가 아무리 많은 정보를 알고 있더라도, 그것을 실천으로 옮기지 못하면 진정한 전문성을 가질 수 없다는 뜻이다.

　미켈란젤로는 단순한 조각가가 아니었다. 그는 건축, 회화, 조각을 넘나드는 광범위한 지식을 쌓았으며, 이를 바탕으로 예술의 새로운 장을 열었다. 그러나 그의 진정한 전문성은 단순한 기술적 숙련도가 아니라, 예술을 통해 인간의 감정을 표현하고 시대를 초월한 가치를 담아낼 줄 알았다는 점에서 빛났다. 지식이 쌓이면 능력이 되지만, 그것이 진정한 가치를 가지려면 더 깊은 이해와 통찰이 필요하다.

• 지혜

　지식이 축적되는 과정이라면, 지혜는 그 지식을 삶 속에서 적용하며 체득하는 것이다. 지혜는 단순한 암기가 아니라, 본질을 꿰뚫는 능력이며, 판단의 기준을 세우는 힘이다.

　철학자 소크라테스는 "진정한 지혜는 자신이 모른다는 것을 아는 데서 시작된다"고 말했다. 이는 우리가 아무리 많은 지식을 가지고 있어도, 세상은 계속 변화하고 있으며, 우리는 끊임없이 배우고 성장해야 한다는 뜻이다. 지혜로운 사람은 새로운 지식을 받아들이되, 그것을 맹목적으로 따르는 것이 아니라 본질을 고민하고 성찰하는 태도를 가진다.

　스티브 잡스는 기술에 대한 지식뿐만 아니라, 그것을 어떻게 조합하고 활용해야 하는지를 아는 사람이었다. 그는 단순히 뛰어난 제품을 만드는 것이 아니라, 사용자의 경험을 근본적으로 변화시키는 데 집중했다. 그는 단순한 기술적 전문성을 넘어, 기술을 통해 인간의 삶을 개선하는 방법을 고민했다. 그의 성공은 지식만이 아니라, 그것을 넘어서서 가치를 창출하는 지혜를 가졌기 때문이었다.

• 전문성의 균형

전문성은 지식과 지혜가 균형을 이루어야 한다. 많은 정보를 알고 있다고 해서 그것이 반드시 좋은 결과를 가져오는 것은 아니다. 중요한 것은 그 지식을 어떻게 적용하고, 어떤 방식으로 의미를 부여하는가이다.

중년이 되면 우리는 단순히 새로운 지식을 습득하는 것이 아니라, 기존의 경험과 통찰을 바탕으로 지혜를 축적하는 과정에 들어선다. 더 이상 정보의 양이 아니라, 그것을 어떤 방향으로 활용할 것인가가 중요한 시점이다.

진정한 전문성은 단순한 기술적 숙련도가 아니라, 삶의 의미와 연결되는 깊은 이해에서 비롯된다. 지식은 도구이고, 지혜는 방향이다. 중년의 전문성은 단순한 성취가 아니라, 삶의 깊이를 더하는 과정에서 완성된다.

권위 : 엄격함과 부드러움

• 엄격함

권위란 단순한 힘이 아니라, 신뢰와 존중 위에 구축되는 것이다. 권위는 때때로 엄격함을 필요로 한다. 사회적 질서를 유지하고, 조직을 이끌기 위해 명확한 기준과 규율이 요구된다.

철학자 칸트는 "도덕은 타협할 수 있는 것이 아니라, 엄격한 원칙을 필요로 한다"고 말했다. 이는 지도자가 명확한 기준과 원칙을 세우고 그것을 지켜야 한다는 의미를 내포한다. 엄격함은 단순한 통제가 아니라, 정의와 공정함을 유지하기 위한 필수 요소이다.

나폴레옹 보나파르트는 엄격한 규율을 기반으로 군을 통솔했다. 그는 작은 실수라도 간과하지 않았으며, 이를 통해 강한 조직을 구축할 수 있었다. 그의 엄격함은 군사적 성공을 이루는 데 중요한 요소였지만, 반대로 지나친 통제는 인간적인 신뢰를 잃게 만들기도 했다. 엄격함은 필요하지만, 그것이 지나칠 경우 균형이 깨질 수 있다.

• 부드러움

엄격함만으로는 사람들을 이끌 수 없다. 부드러움은 신뢰를 형성하고, 관계를 유지하는 힘이 된다. 권위를 가진 자가 부드러운 태도를 보일 때, 사람들은 자발적으로 따르게 된다.

노자는 "가장 강한 것은 가장 부드러운 것이다"라고 말했다. 이는 강한 권위일수록 부드러움을 내포해야 한다는 의미다. 진정한 지도자는 때로는 엄격한 원칙을 고수하면서도, 인간적인 온정을 잃지 않는다.

링컨은 강한 지도자였지만, 항상 상대방을 배려하는 부드러움을 유지했다. 그는 남북전쟁이라는 거대한 위기 속에서도, 원칙을 지키면서도 상대방을 품는 태도를 잃지 않았다. 그의 권위는 단순한 강함에서 나온 것이 아니라, 공감과 배려에서 비롯되었다.

• 권위의 균형

엄격함과 부드러움은 상반되는 개념이 아니라, 함께 균형을 이루어야 한다. 지나치게 엄격하면 독선이 되고, 지나치게 부드러우면 리더십이 흔들린다. 진정한 권위는 원칙을 지키면서도 인간적인 온정을 잃지 않는 데서 나온다.

중년이 되면서 우리는 더 이상 힘으로 사람을 움직일 수 없다. 진정한 권위는 강한 원칙과 따뜻한 배려가 조화를 이룰 때 완성된다. 엄격함으로 신뢰를 세우고, 부드러움으로 사람의 마음을 얻는 것—이것이 중년의 권위가 지향해야 할 방향이다.

프로다움 : 결과와 과정

• 결과

　많은 사람들은 성공을 결과로 판단한다. 좋은 직업을 갖는 것, 높은 연봉을 받는 것, 사회적으로 인정받는 것—이러한 것들은 우리가 성공을 논할 때 기준이 되는 요소들이다. 그러나 결과만을 바라보는 태도는 종종 깊이를 잃고, 과정의 가치를 간과하게 만든다.

　철학자 아리스토텔레스는 "행복은 단순한 목표가 아니라, 지속적인 실천의 과정에서 나온다"고 말했다. 이는 우리가 단순히 결과를 쫓기보다는, 그 과정에서 의미를 찾아야 함을 시사한다. 결과에 집착하면 불안과 조급함에 사로잡힐 수 있다. 반면, 과정에 집중하는 사람은 현재를 충실히 살아가며 결과를 자연스럽게 만들어낸다.

　레오나르도 다빈치는 방대한 기록을 남겼다. 그는 끊임없이 실험하고, 관찰하며, 자신만의 연구를 발전시켰다. 그의 결과물인 <모나리자>나 <최후의 만찬>은 단순한 작품이 아니라, 수많은 과정과 탐구 속에서 탄생한 결정체였다. 그의 성공은 목표를 향한 끈질긴 과정이 있었기에 가능했다.

• 과정

　프로페셔널한 삶은 결과만이 아니라 과정에 대한 태도에서 결정된다. 과정을 중요하게 생각하는 사람은 어떤 일이든 철저하게 준비하고, 최선을 다하며, 꾸준히 노력한다. 과정의 가치를 아는 사람은 실패조차도 배움의 기회로 삼는다.

　철학자 존 듀이(John Dewey)는 "배움은 결과가 아니라, 경험을 통한 지속적인 과정이다"라고 말했다. 이는 과정이 단순한 절차가 아니라, 인간이 성장하는 본질적인 요소임을 강조한다. 프로다운 사람은 단순히 일을 끝내는 것이 아니라, 그것이 자신의 성장과 연결될 수 있도록 한다.

　뉴턴은 사과가 떨어지는 현상을 단순한 우연이 아니라, 탐구해야 할 과정으로 보았다. 그는 오랜 시간 관찰하고 실험하며, 결국 중력이라는 법칙을 발견했다. 결과는 중요하지만, 그것을 가능하게 한 과정이 없다면 의미를 가질 수 없다. 뉴턴의 성공은 한순간의 영감이 아니라, 과정을 중시하는 태도에서 비롯된 것이다.

• 프로다움의 균형

　중년이 되면 우리는 단순히 성과를 내는 것이 아니

라, 어떻게 성과를 만들어가는지를 고민하게 된다. 과정 없는 결과는 공허하고, 결과 없는 과정은 방황이 된다. 중요한 것은 두 요소의 균형이다.

진정한 프로페셔널은 결과를 목표로 하되, 과정을 소홀히 하지 않는다. 단순한 성취가 아니라, 그것을 이루기 위한 태도와 노력이 중요하다. 우리는 중년을 맞이하면서, 과정 속에서 배우고 성장하며, 그것이 결과로 이어지도록 해야 한다. 프로다움은 단순한 능력이 아니라, 삶을 대하는 태도에서 비롯된다. 결과와 과정의 균형 속에서 우리는 더욱 깊이 있는 삶을 살아갈 수 있다.

일 : 보상과 가치

• 보상

일은 인간의 삶에서 중요한 요소이며, 많은 사람들은 일을 통해 경제적 보상을 얻는다. 좋은 보상을 받는 것은 우리의 노력과 성과를 인정받는 방식이기도 하다. 그러나 보상만을 바라보며 일하는 태도는 쉽게 지치고, 삶의 의미를 잃게 만들 수도 있다.

철학자 존 스튜어트 밀은 "인간은 단순히 빵을 위해 일하는 것이 아니라, 자신을 실현하기 위해 일한다"고 말했다. 단순히 돈을 벌기 위해 일하는 사람은 점점 의욕을 잃지만, 더 깊은 의미를 찾는 사람은 일에서 성장과 만족을 경험할 수 있다.

빌 게이츠는 마이크로소프트를 창업할 때 돈을 목표로 삼지 않았다. 기술을 통해 더 나은 세상을 만들겠다는 비전을 가졌고, 그 과정에서 엄청난 경제적 보상을 받았다. 그러나 그가 성공할 수 있었던 이유는 보상보다 가치를 우선했기 때문이었다.

• 가치

일의 가치는 단순한 보상을 넘어선다. 우리가 하는

일이 세상에 미치는 영향, 타인에게 주는 의미, 그리고 우리 자신을 성장시키는 과정이야말로 일의 진정한 가치이다.

빅터 프랭클은 "인간은 의미를 찾을 때 가장 강한 힘을 발휘한다"고 말했다. 그의 말처럼, 단순한 보상이 아니라, 일의 의미를 발견하는 것이 중요하다. 의미를 찾지 못하면 일은 단순한 노동이 되고, 지루한 반복에 불과하게 된다.

한 예로, 스타벅스의 창립자 하워드 슐츠는 단순히 커피를 파는 것이 아니라, 사람들에게 따뜻한 경험을 제공하는 것을 목표로 삼았다. 그가 강조한 것은 단순한 제품이 아니라, 사람들이 머무르는 공간, 일하는 사람들의 자부심, 그리고 브랜드가 가지는 철학이었다. 이러한 가치 중심의 접근이 결국 스타벅스를 세계적인 브랜드로 만들었다.

• 일의 균형

일은 단순한 생계를 위한 수단이 아니라, 우리의 삶을 이루는 중요한 요소이다. 보상은 중요하지만, 그보다 더 중요한 것은 우리가 하는 일이 어떤 가치를 가지는가이다. 보상에 집중하면 쉽게 지칠 수 있지만, 가치에 집중하는 사람은 오랫동안 열정을 유지할 수 있다.

중년이 되면 우리는 단순히 돈을 벌기 위한 노동이 아니라, 삶의 의미를 찾기 위한 일에 대해 고민하게 된다. 보상과 가치의 균형을 맞추는 것이 중요하다. 우리가 하는 일이 단순한 경제적 이익을 넘어서, 우리의 삶을 풍요롭게 만들고, 타인에게 의미를 줄 수 있을 때, 우리는 진정한 만족을 경험할 수 있다.

일은 보상을 위한 것이지만, 그 자체로 가치 있는 것이 될 때 가장 큰 의미를 가진다. 보상과 가치의 균형 속에서, 우리는 일과 삶을 더욱 깊이 있게 바라볼 수 있다.

원숙 : 여유와 조급함

• 여유

　원숙함이란 삶을 바라보는 태도에서 비롯된다. 나이가 든다는 것은 단순한 시간의 흐름이 아니라, 세상을 대하는 방식이 변화하는 과정이다. 원숙한 사람은 여유를 가지고 삶을 즐길 줄 알며, 조급함에서 벗어나 본질을 꿰뚫어 본다.

　철학자 노자는 "흐르는 물은 급하지 않지만, 강을 이루고 결국 바다에 도달한다"고 말했다. 이는 인생의 흐름을 자연스럽게 받아들이고, 조급해하지 않는 것이야말로 진정한 성숙임을 의미한다. 여유를 가진 사람은 작은 일에 휘둘리지 않으며, 더 깊은 곳을 바라본다.

　바흐는 음악을 창조할 때 결코 서두르지 않았다. 그는 하나의 곡을 완성하기 위해 수십 번을 수정하고, 수많은 연습을 거쳤다고 하였다. 그의 음악은 단순한 기술이 아니라, 깊이 있는 사유와 여유에서 비롯되었기에 그가 남긴 작품들은 여전히 우리들에게 빛을 발하고 있다.

• 조급함

　여유와 달리 조급함은 불안과 초조함에서 비롯된다. 우리는 목표에 도달하기 위해 서두르지만, 때때로 그 조급함이 오히려 실패를 부른다. 철학자 키르케고르는 "조급함은 불안이 만든 그림자"라고 말했다. 이는 우리가 결과를 급하게 원할수록, 더 많은 실수를 범하게 된다는 의미다.

　미켈란젤로는 시스티나 성당 천장을 그릴 때, 로마 교황청으로부터 빠른 완성을 요구받았다. 그러나 그는 "좋은 예술은 시간이 필요하다"고 말하며, 조급한 요구를 거부했다. 그는 천천히 그러나 확실하게 작업을 진행했고, 결국 그의 작품은 수백 년이 지나도 여전히 위대한 걸작으로 남았다. 만약 그가 서둘렀다면, 오늘날 우리가 아는 시스티나 성당의 아름다움은 존재하지 않았을 것이다.

• 원숙함의 균형

　원숙함은 단순한 여유가 아니다. 그것은 조급함을 극복하고, 본질을 꿰뚫는 통찰력을 갖추는 것이다. 여유가 지나치면 안일함이 되고, 조급함이 지나치면 실수가 된다. 중요한 것은 이 둘 사이의 균형이다.

중년이 되면서 우리는 더 이상 서두를 필요가 없다. 중요한 것은 빠르게 도착하는 것이 아니라, 도착하는 과정에서 얼마나 깊이 있는 경험을 하느냐다. 여유 속에서 성찰하고, 조급함을 극복하며, 삶을 더욱 의미 있게 만들어야 한다. 원숙함이란 시간이 주는 선물이 아니라, 우리가 만들어가는 태도에서 비롯된다.

죽음 : 낯설음과 익숙함

• 낯설음

죽음은 인간이 경험할 수 없는 가장 신비로운 사건이며, 그렇기에 누구에게나 낯선 공포를 안겨준다. 철학자 하이데거는 "죽음은 가장 고유한 존재의 가능성"이라고 말했다. 우리는 죽음을 피할 수 없지만, 죽음이 언제 찾아올지 모른다는 점에서 항상 낯선 존재로 다가온다.

죽음이 낯설게 느껴지는 이유는 그것이 우리 삶의 종결이기 때문이다. 우리는 태어나서 성장하며, 가족과 친구, 사회 속에서 관계를 맺고 살아간다. 그러나 죽음 앞에서는 모든 것이 단절된다. 인간은 본능적으로 죽음을 두려워한다. 미지의 세계에 대한 공포, 존재의 소멸에 대한 두려움은 우리를 불안하게 만든다.

역사적으로 많은 철학자들이 죽음을 성찰했다. 소크라테스는 죽음을 "새로운 세계로의 이행"이라 보며 두려워할 필요가 없다고 주장했다. 반면, 장 폴 사르트르는 "죽음이야말로 인간 존재의 가장 큰 부조리"라고 말했다. 우리는 언제 죽을지 알 수 없으며, 삶이 끝나는 순간 이후를 알지 못하기 때문이다.

죽음을 낯설게 만드는 또 다른 요소는 현대 사회의 변화다. 과거에는 죽음이 삶의 한 부분으로 자연스럽게 받아들여졌다. 가족들이 집에서 임종을 지켰고, 공동체는 죽음을 함께 애도했다. 그러나 현대 사회에서는 죽음이 점점 병원과 요양시설로 밀려나면서, 우리는 죽음을 직접 경험할 기회를 잃었다. 그 결과, 죽음은 더욱 먼 이야기처럼 느껴진다.

• 익숙함

죽음은 모든 생명체가 피할 수 없는 자연스러운 과정이다. 불교에서는 죽음을 "삶의 또 다른 형태"로 바라본다. 법정 스님은 "삶은 잠시 빌려 쓰는 것이며, 결국 우리는 다시 자연으로 돌아간다"고 말했다. 이러한 시각은 죽음을 두려워하는 것이 아니라, 삶의 일부로 받아들이게 만든다.

고대 스토아 철학자들은 "메멘토 모리(Memento Mori)"—즉, "죽음을 기억하라"—는 말을 남겼다. 이는 죽음을 끊임없이 의식하며, 삶을 더욱 의미 있게 살아야 한다는 메시지다. 마르쿠스 아우렐리우스는 "우리는 언젠가 죽는다는 사실을 알기에 지금 이 순간을 소중히 살아야 한다"고 강조했다.

의학이 발전하면서 인간의 수명이 길어졌지만, 죽음의 본질은 변하지 않았다. 중요한 것은 죽음을 어떻게 받아들이느냐이다. 죽음을 자연스럽게 받아들이는 문화에서는 삶의 마지막 순간까지 존엄성을 유지하려 한다. 일본의 '이키가이' 개념은 삶의 의미를 찾는 것이 죽음에 대한 두려움을 극복하는 방법이라고 설명한다. 자신이 살아가는 이유와 가치를 찾는다면, 죽음이 덜 두렵게 느껴진다.

현대의 많은 심리학자들은 죽음을 인정하는 것이 오히려 정신적으로 건강한 삶을 사는 방법이라고 주장한다. 어니스트 베커는 그의 저서 『죽음의 부정』 에서 "인간은 죽음을 외면하려 하지만, 오히려 죽음을 직시할 때 삶이 더욱 충만해진다"고 말했다. 죽음이 삶의 끝이 아니라, 삶의 의미를 찾는 과정이 될 수 있다는 것이다.

• 죽음의 균형

죽음을 낯설게만 여긴다면 우리는 두려움 속에서 살아가게 된다. 반대로, 죽음에 너무 익숙해진다면 삶의 소중함을 잊을 수도 있다. 중요한 것은 이 두 감정의 균형을 맞추는 것이다.

삶과 죽음은 분리된 것이 아니라, 하나의 흐름 속에 존재한다. 삶이 유한하기 때문에 우리는 더 가치 있게 살아가려 노력한다. 죽음을 의식하는 것이 불안이 아니라, 더 깊이 있는 삶으로 나아가는 계기가 되어야 한다.

중년이 되면 우리는 점점 죽음을 가까이하게 된다. 부모님, 주변의 친구들, 지인들의 부고를 접하면서 죽음이 먼 이야기가 아님을 깨닫는다. 그러나 이것이 두려움이 아니라, 삶을 더욱 의미 있게 만드는 원동력이 되어야 한다. 지금 이 순간을 더 충실히 살고, 후회 없는 인생을 만드는 것이야말로 죽음을 맞이하는 가장 지혜로운 자세일 것이다.

죽음은 두렵지만, 동시에 삶을 빛나게 만드는 요소이기도 하다. 우리가 죽음을 숙고할 때, 삶의 가치가 더욱 명확해진다. 낯섦과 익숙함의 조화를 이루며, 우리는 더 깊이 있는 삶을 살아갈 수 있다.

강함 : 어머니와 아버지

• **어머니의 강함**

강함이란 단순한 힘이 아니라, 지속적인 인내와 포용력에서 비롯된다. 어머니의 강함은 물처럼 부드러우면서도 단단한 힘을 지닌다. 노자는 "물은 가장 부드럽지만, 가장 강하다"고 말했다. 이는 어머니의 사랑과 희생이 보여주는 강인함과 닮아 있다.

역사적으로도 어머니의 강함은 많은 위대한 인물들에게 중요한 영향을 미쳤다. 미국의 대통령 에이브러햄 링컨은 어머니 낸시 행크스 링컨이 준 교육과 헌신이 자신의 인생에서 가장 중요한 자산이었다고 말했다. 그는 "내가 지금의 내가 된 것은 어머니 덕분이다"라고 고백했다. 어머니는 자녀를 위해 모든 것을 내어주지만, 그 과정에서 결코 흔들리지 않는 강한 의지를 보여준다.

불굴의 정신을 가졌던 마더 테레사 역시 사랑의 강함을 실천한 대표적인 인물이다. 그녀는 가난하고 병든 사람들을 위해 헌신했으며, 자신의 삶을 온전히 봉사에 바쳤다. 그녀의 강함은 힘을 휘두르는 것이 아니라, 세상의 가장 약한 이들을 감싸 안으며 지속적인 사랑을 실천하는 데서 나왔다.

어머니의 강함은 돌보는 힘에서 온다. 하지만 이 힘은 단순한 보호가 아니라, 자녀가 세상을 살아갈 수 있도록 독립심을 길러주는 데에도 있다. 어머니의 강함이 없다면, 우리는 삶의 첫 발걸음을 내딛기도 어려웠을 것이다.

• 아버지의 강함

아버지의 강함은 흔히 단단한 기둥과 같은 존재로 비유된다. 이는 권위와 책임, 그리고 무게 있는 침묵 속에서 드러난다. 공자는 "군자는 무겁고 신중해야 한다"고 말했다. 이는 아버지의 역할이 단순한 보호자가 아니라, 삶의 방향을 제시하는 존재임을 의미한다.

넬슨 만델라는 오랜 투옥 생활 속에서도 흔들리지 않는 강한 정신력을 유지했다. 그는 자녀들에게 직접적인 애정을 표현하는 대신, 자신의 행동과 신념으로 아버지의 역할을 수행했다. 그의 강함은 독재와 억압에 맞서면서도 복수보다는 용서를 선택하는 데 있었다. 이는 아버지의 강함이 단순한 권위가 아니라, 올바른 가치관과 인내에서 나온다는 점을 보여준다.

물리학자 리처드 파인만의 아버지는 지식을 단순히

주입하는 것이 아니라, 아이가 스스로 생각할 수 있도록 돕는 교육을 했다. 그는 "진정한 강함은 상대를 억누르는 것이 아니라, 스스로 성장할 수 있도록 돕는 데 있다"고 가르쳤다. 이는 아버지의 강함이 보호뿐만 아니라, 자녀가 독립적인 존재로 성장하도록 돕는 데 있다는 것을 보여준다.

아버지의 강함은 묵묵히 삶을 책임지는 태도에서 온다. 가족을 위해 희생하고, 무너지지 않으려 애쓰는 모습은 때로는 말보다 더 큰 가르침이 된다. 그 강함은 무뚝뚝한 표정 속에 담긴 사랑이자, 삶의 무게를 견뎌내는 인내의 결과다.

• **강함의 균형**

어머니의 강함과 아버지의 강함은 서로 다른 방식으로 표현되지만, 궁극적으로는 같은 목표를 가진다. 어머니의 강함은 사랑과 포용에서 오고, 아버지의 강함은 책임과 인내에서 온다. 하지만 이 두 가지 강함이 조화를 이루지 못하면 균형이 깨진다.

강함이란 단순히 힘이 센 것이 아니라, 올바른 방향으로 삶을 이끄는 힘이다. 어머니의 따뜻한 강함과 아버지의 단단한 강함이 어우러질 때, 우리는 더 넓고 깊은 삶을 살아갈 수 있다.

중년이 되면 우리는 어머니와 아버지의 강함을 모두 품게 된다. 때로는 부드러운 포용이 필요하고, 때로는 묵묵한 책임감이 요구된다. 중요한 것은 이 두 가지 강함을 균형 있게 조화시키는 것이다. 강함이란 결국 삶을 살아가는 방식이며, 중년이 되면서 우리는 그 의미를 더욱 깊이 깨닫게 된다.

우아함 : 마음과 외모

• **마음의 우아함**

우아함은 단순한 겉모습이 아니라, 내면에서 우러나오는 태도와 품격에서 비롯된다. 철학자 공자는 "군자는 태연하고 평온하지만, 소인은 항상 근심 속에 있다"고 말했다. 이는 내면의 안정과 여유가 우아함을 결정한다는 의미다.

우아한 사람은 삶을 여유롭게 바라볼 줄 안다. 프랑스의 작가 마르셀 프루스트는 "우아함은 단순한 장식이 아니라, 영혼이 지닌 섬세함"이라고 말했다. 이는 외적인 모습보다 내면의 성숙함과 지적 깊이가 우아함을 형성한다는 뜻이다.

오드리 헵번은 단순한 미인으로 평가되지 않는다. 그녀는 어려운 환경 속에서도 긍정적인 태도를 유지하며, 후에는 유니세프 활동을 통해 인류애를 실천했다. 그녀의 우아함은 외모가 아니라, 내면에서 빛을 발한 것이었다.

• **외모의 우아함**

외적인 우아함은 단순한 미(美)가 아니라, 자신을

존중하는 태도에서 나온다. 아리스토텔레스는 "지나침과 모자람이 없는 조화로운 상태인 중용이 곧 최선의 덕"이라고 역설했다. 이는 화려함이 아니라, 균형과 절제에서 진정한 아름다움이 나온다는 의미다.

우아한 외모는 단순한 옷차림이 아니라, 몸가짐과 태도에서도 드러난다. 엘리자베스 2세 여왕은 수십 년간 변함없는 품격을 유지하며, 단순한 왕족이 아닌 존경받는 인물로 남았다. 그녀의 우아함은 단순한 겉모습이 아니라, 절제된 행동과 태도에서 나왔다.

• **우아함의 균형**

마음이 우아하면 자연스럽게 외모에도 품격이 배어난다. 중년이 되면서 우리는 단순한 외적인 아름다움을 넘어, 내면에서 비롯된 우아함을 가꿔야 한다. 진정한 우아함은 타인을 향한 배려와 품격 있는 태도에서 나오며, 그것이 자연스럽게 외적인 모습으로 드러날 때 우리는 더욱 깊이 있는 삶을 살아갈 수 있다.

신비 : 꿈과 현실

• 꿈의 신비

신비는 우리를 둘러싼 세계 속에서 이해할 수 없는 것, 혹은 아직 이해되지 않은 것에서 비롯된다. 그리고 그 신비를 가장 잘 대변하는 것은 바로 '꿈'이다. 꿈은 현실 너머의 가능성을 열어주며, 우리가 상상할 수 있는 세계를 무한히 확장시킨다.

플라톤은 그의 저서 『국가』 에서 "인간은 동굴 속에서 그림자를 보며 그것이 현실이라고 믿지만, 실제로는 더 넓은 세계가 존재한다"고 말했다. 꿈은 마치 우리가 동굴 밖으로 나와 새로운 세상을 마주하는 경험과 같다. 우리는 꿈을 통해 현실을 초월한 가능성을 탐색하며, 새로운 의미와 비전을 발견할 수 있다.

꿈의 신비는 단순한 환상이 아니다. 그것은 우리가 현실에서 이루고 싶은 것, 혹은 이루어야 할 것들을 암시한다. 예술가들은 꿈을 통해 영감을 얻으며, 과학자들은 꿈속에서 혁신적인 아이디어를 떠올리곤 한다. 노벨상을 수상한 화학자 프리드리히 아우구스트 케쿨레는 벤젠의 분자구조를 밝히는 결정적인 단서를 꿈속에서 발견했다. 꿈이 없었다면 과학과 예술, 철학의 발전은 지금과 같지 않았을 것이다.

• 현실의 신비

그러나 꿈이 신비롭다고 해서 현실이 덜 신비로운 것은 아니다. 현실은 우리가 이해할 수 없는 수많은 현상들로 가득 차 있다. 아인슈타인은 "우리가 우주를 이해하려 노력한다는 사실 자체가 신비"라고 말했다. 현실은 단순한 물리적 공간이 아니라, 우리가 살아가며 경험하는 모든 사건과 감정들이 얽혀 있는 복잡한 구조물이다.

현실의 신비는 우리가 일상에서 당연하게 여기는 것들 속에서도 발견된다. 바람이 불고, 꽃이 피고, 태양이 떠오르는 모든 과정은 과학적으로 설명할 수 있을지 몰라도, 그 근본적인 의미는 여전히 신비롭다. 우리가 살아가는 이 순간조차도, 결코 단순하지 않은 하나의 기적과 같다.

• 신비의 균형

꿈과 현실은 상반되는 개념이 아니라 서로를 완성하는 요소다. 꿈이 없다면 현실은 메마르고, 현실이 없다면 꿈은 그저 허무한 환상이 될 것이다. 우리는 꿈을 통해 새로운 가능성을 탐색하고, 현실 속에서 그 꿈을 실현해 나간다.

중년이 되면 우리는 꿈과 현실 사이에서 균형을 찾아야 한다. 젊을 때는 꿈을 좇아 나아가지만, 중년이 되면서 우리는 현실의 무게를 더 깊이 실감하게 된다. 그러나 꿈을 포기하지 않는 것이 중요하다. 현실의 신비를 받아들이면서도, 꿈을 통해 새로운 의미를 찾아 나가는 것—그것이 중년이 가져야 할 진정한 지혜일 것이다.

신비란 단순히 알지 못하는 것이 아니라, 끊임없이 탐구해야 할 대상이다. 우리는 꿈과 현실 속에서 그 신비를 마주하며, 더 넓은 삶의 가능성을 찾아 나간다.

악마 : 직언과 조언

• **직언의 본질**

직언(直言)이란 진실을 직설적으로 전달하는 것이다. 직언은 때로 상대방에게 상처를 줄 수도 있지만, 정직한 대화는 변화를 위한 중요한 동력이 된다. 플라톤은 "진정한 철학자는 쓴 약과 같은 존재"라고 말했다. 즉, 듣기 거북한 말이라도 그것이 진실이라면 가치가 있다는 뜻이다.

역사적으로 직언은 강력한 영향을 미쳐왔다. 소크라테스는 "검토되지 않은 삶은 살 가치가 없다"고 하며, 사람들에게 불편한 진실을 이야기했다. 그러나 그의 직언은 당시 권력자들에게 위협이 되었고, 결국 독배를 마시는 운명을 맞이했다. 이는 직언이 항상 받아들여지는 것은 아니지만, 그것이 시대를 움직이는 중요한 역할을 한다는 점을 보여준다.

윈스턴 처칠도 직언을 통해 나라를 지켜낸 인물이었다. 처칠은 제2차 세계대전 당시 국민들에게 "피, 수고, 눈물, 땀"을 요구하며 현실을 직시하도록 했다. 그의 말은 위기를 직면한 국민들에게 불편한 진실이었지만, 결과적으로 그들을 하나로 단결시켰다.

• 조언의 지혜

조언(助言)은 직언과 달리 부드러움을 내포한다. 조언은 상대방이 스스로 해답을 찾을 수 있도록 돕는 방식이다. 노자는 "최고의 지도자는 드러나지 않지만, 사람들은 스스로 성장한다"고 말했다. 이는 강요하지 않고도 변화를 이끌어내는 조언의 힘을 의미한다.

링컨 대통령은 조언의 대가였다. 갈등을 조율할 때 상대방을 비난하기보다, 그들이 스스로 문제를 깨닫고 해결할 수 있도록 돕는 방식을 택했다. 이러한 접근 방식은 그의 정치적 리더십을 더욱 빛나게 만들었다.

철학자 세네카도 조언의 중요성을 강조하면서, 그는 "어떤 문제든 스스로 깨닫지 않으면 변화는 일어나지 않는다"고 말했다. 즉, 조언은 직접적인 해결책을 주는 것이 아니라, 상대방이 스스로 답을 찾도록 돕는 과정이라는 것이다.

• 직언과 조언의 균형

직언과 조언은 서로 대립하는 것이 아니라, 상황에 따라 적절히 사용해야 하는 도구들이다. 때로는 냉철한 직언이 필요하지만, 어떤 경우에는 부드러운 조언이 더 효과적일 수 있다. 중요한 것은 상대방을 돕고자 하는 진정성이며, 그것이 직언이든 조언이든 상대방이 변화할 수 있도록 이끄는 것이 핵심이다.

중년이 되면서 우리는 직언과 조언을 균형 있게 활용할 줄 알아야 한다. 때로는 날카로운 직언이 필요하고, 때로는 조용한 조언이 더 효과적일 수 있다. 중요한 것은 상대방의 성장과 발전을 돕는 것이며, 이를 위해 우리는 언제 직언을 해야 하고, 언제 조언을 해야 하는지를 깊이 고민해야 한다.

4장 WHITE

True Love

순수 : 있다와 없다

배려 : 하고 싶고와 받고 싶고

비워냄 : 다이어트와 요요

완전함 : 쉬움과 어리움

공감 : 인정과 외면

경청 : 열림과 닫힘

눈물 : 북받침과 메마름

버킷리스트 : 소유와 무소유

무의미 : 없음과 있음

삶음 : 아줌마와 여자

순수 : 있다와 없다

• 순수함이 있다는 것

순수함이란 무엇인가? 순수함이란 본래의 상태 그대로 존재하는 것, 어떤 불순물이 섞이지 않은 맑은 상태를 의미한다. 그러나 인간의 삶에서 순수함이란 단순히 외부의 영향을 받지 않는 것이 아니라, 삶을 대하는 태도와도 관련이 깊다.

철학자 장 자크 루소는 "인간은 본래 선하게 태어나지만, 사회가 그를 변질시킨다"고 말했다. 그의 말처럼 순수함이 있다는 것은 결국 삶의 경험 속에서도 본질을 잃지 않는 것을 의미한다.

순수함은 어린아이들에게서 가장 쉽게 발견된다. 그들은 세상을 있는 그대로 받아들이며, 계산 없이 행동한다. 하지만 나이가 들면서 우리는 경험과 지식을 쌓고, 세상의 규칙을 배우며 순수함을 점점 잃어간다. 그러나 순수함이 완전히 사라지는 것은 아니다. 우리는 여전히 감동할 줄 알고, 진실한 감정을 느끼며, 거짓 없는 태도를 가질 수 있다. 순수함이 있다는 것은 곧 내면의 맑음을 유지하려는 의지에서 비롯된다.

예술가들과 철학자들은 순수함을 창조의 원천으로

여겼다. 파블로 피카소는 "나는 어린아이처럼 그림을
그릴 줄 아는 데 평생이 걸렸다"고 말했다. 이는 단순
히 미술 기법의 문제가 아니라, 순수한 시선으로 세상
을 바라보는 것이 얼마나 어려운지를 의미한다. 순수
함을 유지한다는 것은 삶에 대한 신선한 감각과 열정
을 잃지 않는 것이다.

• 순수함이 없다는 것

　순수함이 없는 것이 반드시 부정적인 것만은 아니
다. 순수함이 없다는 것은 삶의 현실을 받아들이고, 타
협과 균형 속에서 살아간다는 의미이기도 하다. 철학
자 니체는 "성숙이란 진실을 직시하는 능력이다"라고
말했다. 순수함이 없다는 것은 현실의 무게를 견디고,
복잡한 세상 속에서 자신의 길을 찾아가는 과정일 수
도 있다.

　순수함이 없다는 것은 때로 삶의 불가피한 과정이
된다. 사회적 관계 속에서 우리는 종종 솔직함과 현실
적 필요 사이에서 고민하게 된다. 직장에서, 가정에서,
사회에서 우리는 순수한 마음만으로 살아갈 수 없을
때가 많다. 하지만 순수함이 없다고 해서 반드시 타락
하는 것은 아니다. 중요한 것은 순수함을 잃지 않으려

노력하면서도, 현실적인 삶을 살아가는 균형을 찾는 것이다.

역사적으로 순수함을 잃는 과정이 오히려 성장을 의미하기도 했다. 마하트마 간디는 젊은 시절 영국에서 법을 공부하며 현실적인 문제들과 타협해야 했다. 하지만 비폭력 저항 운동을 통해 세상의 변화를 이끌었고, 그 안에서 순수한 신념을 끝까지 지켜냈다. 이는 순수함이 없다는 것이 반드시 부정적인 것이 아니라, 올바른 방향을 찾는 과정일 수도 있음을 보여준다.

• 순수함의 균형

순수함이 있다는 것은 세상을 바라보는 맑은 시선을 의미하고, 순수함이 없다는 것은 세상의 현실을 직시하는 능력을 의미한다. 두 가지가 조화를 이룰 때, 우리는 더 깊이 있는 삶을 살아갈 수 있다. 너무 순수하면 현실에 부딪혀 쉽게 상처받고, 너무 현실적이면 삶이 메마르게 된다.

중년이 되면서 우리는 순수함과 현실 사이에서 균형을 잡아야 한다. 어린 시절의 순수한 감각을 잃지 않으면서도, 성숙한 태도로 삶을 살아가는 것 — 그것이야말로 진정한 지혜일 것이다. 우리는 순수함을 잃어버린 것이 아니라, 새로운 방식으로 그것을 다듬어가는 과정 속에 있다. 그것이 중년의 경쟁력이며, 삶을 더욱 깊이 있게 만드는 힘이 된다.

배려 : 하고 싶고와 받고 싶고

• 배려하고 싶음

배려는 단순한 선의의 행동이 아니다. 그것은 관계 속에서 형성되는 태도이자, 인간이 서로를 이해하고 연결되는 방식이다. "타인을 단순한 수단이 아니라 목적으로 대해야 한다"고 철학자 임마누엘 칸트는 말했다. 배려가 단순한 동정이 아니라, 상대를 있는 그대로 존중하고 그들의 존재를 인정하는 행위임을 의미한다.

우리는 배려를 통해 타인을 돕고 싶어 한다. 이것은 인간 본연의 사회적 본능에서 비롯된다. 세네카는 "인간은 타인에게 베푸는 과정에서 가장 큰 기쁨을 느낀다"고 했다. 배려는 주는 사람이 오히려 더 큰 만족을 느끼는 행위이기도 하다. 우리는 타인의 어려움을 보고 그들을 돕고 싶은 충동을 느낀다. 그리고 그 작은 행동이 누군가의 삶을 변화시킬 수 있다는 가능성을 알기에, 우리는 기꺼이 배려를 실천한다.

배려하고 싶다는 것은 궁극적으로 사랑과 존중의 표현이다. 부모가 자녀에게, 친구가 친구에게, 낯선 이에게 보내는 작은 친절이 세상을 변화시킨다. 간디는 "세상의 변화를 원한다면, 스스로 그 변화가 되어야 한다"

고 말했다. 배려는 세상을 조금 더 따뜻하게 만드는 힘이다.

• 배려받고 싶음

우리는 배려하는 것만큼, 배려받기를 원한다. 아리스토텔레스는 인간을 '사회적 동물'이라 정의했다. 우리가 타인의 관심과 존중을 필요로 한다는 의미다. 배려받고 싶다는 욕구는 단순한 의존이 아니라, 인간이 관계 속에서 존재를 확인받으려는 자연스러운 과정이다.

문제는 배려를 받는 것이 항상 쉬운 일이 아니라는 점이다. 우리는 누군가가 우리를 이해하고 배려해 주기를 바라지만, 그 기대가 충족되지 않을 때 실망을 경험한다. 배려가 일방적이 되어서는 안 되며, 상호적인 것이어야 한다는 점을 시사하는 것이다. 철학자 존 롤스는 정의로운 사회를 위해 "공정한 기회와 배려가 균형을 이루어야 한다"고 했다. 이는 우리가 배려를 기대하는 만큼, 타인에게도 공정하게 배려를 실천해야 한다는 의미다.

배려받고 싶다는 감정은 인간관계에서 중요한 요소지만, 그것이 지나치면 상대에게 부담을 줄 수도 있다. 중요한 것은 건강한 방식으로 배려를 주고받는 것이다. 심리학자 에리히 프롬은 "진정한 사랑과 배려는 소유하려는 것이 아니라 자유롭게 나누는 것"이라 했다. 즉, 배려는 강요하거나 요구하는 것이 아니라 자연스럽게 흐르는 관계 속에서 이루어질 때 가장 가치 있는 의미를 지닌다.

• 배려의 균형

배려는 하고 싶음과 받고 싶음 사이에서 균형을 이루어야 한다. 배려만 하고 살아가면 소진될 수 있으며, 배려받기만 원한다면 관계의 균형이 무너진다. 중요한 것은 상호적인 배려의 문화 속에서 건강한 관계를 형성하는 것이다.

중년이 되면 우리는 배려의 방식에 대해 다시금 고민하게 된다. 젊었을 때는 상대를 배려하려고 애쓰지만, 시간이 지나면서 배려받는 것이 더 중요하게 느껴질 수도 있다. 그러나 배려의 본질은 단순한 주고받음이 아니라, 관계 속에서 자연스럽게 형성되는 조화로운 흐름에 있다.

배려는 삶을 풍요롭게 만든다. 우리는 배려를 통해 서로를 연결하고, 공존하는 법을 배운다. 세상은 완벽하지 않지만, 배려하는 마음이 모이면 그것만으로도

충분히 따뜻한 공간이 될 수 있다. 배려를 주고받는 과
정 속에서 우리는 더 깊은 의미를 찾고, 중년의 삶을
더욱 가치 있게 만들어갈 수 있다.

비워냄 : 다이어트와 요요

• 다이어트의 철학

다이어트란 단순히 체중을 감량하는 행위가 아니라, 불필요한 것을 덜어내고 균형을 찾아가는 과정이다. 철학자 에픽테토스는 "우리는 가진 것을 통해 부유해지는 것이 아니라, 불필요한 것을 제거함으로써 자유로워진다"고 말했다. 이는 다이어트가 단순히 몸을 가볍게 하는 것이 아니라, 삶의 방식을 조정하는 행위라는 것을 의미한다.

다이어트는 절제와 자기관리의 문제다. 많은 사람들은 다이어트를 단순한 외적인 변화로 생각하지만, 본질적으로는 내면의 훈련과 연결된다. 체중을 감량하는 과정에서 우리는 자신을 성찰하고, 무엇이 우리 몸과 마음에 불필요한지를 고민하게 된다.

• 요요의 역설

다이어트가 항상 성공적이지만은 않다. 많은 이들이 극단적인 방식으로 체중을 감량했다가, 다시 원래 상태로 돌아가는 요요 현상을 경험한다. 이는 단순한 신체적 반응이 아니라, 인간의 본성에 대한 깊은 철학적 질문을 던진다. 왜 우리는 원래의 상태로 돌아가려 하는가?

니체는 "인간은 변화를 원하지만, 동시에 익숙한 것을 유지하고 싶어 한다"고 말했다. 요요 현상은 우리의 습관과 심리적 안정감이 긴밀하게 연결되어 있음을 보여준다. 다이어트를 성공적으로 유지하려면 단순한 감량이 아니라, 생활 방식 자체를 변화시켜야 한다.

• 비워냄의 균형

다이어트와 요요는 삶에서 불필요한 것을 제거하는 과정과 그것을 유지하는 과정의 균형을 보여준다. 너무 많이 비우려 하면 몸과 마음이 버티지 못하고, 너무 많은 것을 유지하려 하면 건강을 잃게 된다. 중요한 것은 무엇을 남기고, 무엇을 버릴 것인가에 대한 지혜로운 선택이다.

중년이 되면서 우리는 단순한 체중 감량을 넘어, 인생에서 무엇을 덜어내고 무엇을 지킬 것인가를 고민하게 된다. 비워낸다는 것은 단순한 소멸이 아니라, 더 나은 삶을 위한 과정이다. 삶에서도, 몸에서도, 지나친 집착을 버리고 균형을 찾는 것이야말로 진정한 중년의 경쟁력이 될 것이다.

완전함 : 쉬움과 어려움

• 쉬움 속의 완전함

완전함을 추구하는 것은 인간의 본능이다. 우리는 더 나은 결과를 얻고 싶어 하고, 더 높은 수준의 성취를 원한다. 그러나 완전함은 반드시 어려운 과정을 통해서만 얻어지는 것일까? 고대 그리스 철학자 에피쿠로스는 "완전함은 복잡함에서 오는 것이 아니라, 단순함 속에서 존재한다"고 말했다. 이는 우리가 어렵게 얻어야만 가치 있다고 생각하는 완전함이 사실은 삶의 단순한 순간 속에서도 발견될 수 있음을 시사한다.

쉬운 일에서도 완전함은 존재한다. 어떤 이는 차 한 잔을 마시며 평온함을 느끼는 순간, 완전함을 경험한다고 말한다. 이는 작은 순간에도 충만함을 느낄 수 있다는 의미다. 일본의 다도(茶道)는 단순한 차를 내리는 행위 속에서 우주의 조화와 인간 내면의 완성을 탐구하는 문화다. 완전함은 반드시 크고 복잡한 성취에서만 오는 것이 아니라, 우리의 일상 속에도 스며들어 있다.

- 어려움 속의 완전함

반대로, 완전함은 종종 극복해야 할 어려움 속에서 얻어진다. 헤겔은 "정반합(正反合)의 과정 속에서 인간은 더 높은 차원의 완전함에 도달한다"고 말했다. 즉, 완전함은 마찰과 갈등, 그리고 끊임없는 도전을 통해 성취된다는 의미다.

역사를 돌아보면, 완전함을 이룬 사람들은 대부분 어려움을 극복한 사람들이었다. 루트비히 판 베토벤은 청력을 잃은 상태에서도 불멸의 교향곡을 작곡했다. 그의 완전함은 결코 쉬운 길에서 온 것이 아니라, 절망과 싸우는 과정에서 다듬어졌다. 마찬가지로, 넬슨 만델라는 27년간의 감옥 생활을 통해 더욱 강한 신념과 용서를 배웠고, 남아프리카 공화국의 민주화를 이끌었다.

어려움 속의 완전함은 단순히 목표를 달성하는 것이 아니라, 그것을 이루기 위해 겪는 과정 속에서 존재한다. 쉽지 않은 길을 걸어가면서 우리는 자신을 단련하고, 인내를 배우며, 삶의 본질적인 의미를 깨닫는다.

- 완전함의 균형

완전함이 쉬운 것에서만 존재한다면 우리는 성취감을 느낄 수 없을 것이고, 완전함이 어려운 과정에서만 얻어진다면 우리는 삶을 지나치게 힘들게 만들 것이다. 중요한 것은 이 두 가지 완전함을 조화롭게 바라보는 것이다.

동양 철학에서는 음양의 균형을 강조한다. 쉬운 일과 어려운 일이 서로 교차하며 조화를 이루어야 한다. 레오나르도 다빈치는 "단순함이 궁극의 정교함이다"라고 말했지만, 그의 작품은 오랜 연구와 도전 속에서 탄생했다. 이처럼 완전함은 쉬움과 어려움이 균형을 이룰 때 비로소 완전해진다.

중년이 되면서 우리는 완전함을 다르게 바라보게 된다. 젊었을 때는 어려움을 극복하는 것이 완전함이라고 믿지만, 나이가 들수록 소소한 순간에서도 완전함을 찾을 수 있게 된다. 중요한 것은 쉬운 길과 어려운 길을 가리지 않고, 삶의 모든 순간에서 완전함을 경험하는 태도를 갖추는 것이다.

완전함이란 결국, 삶을 있는 그대로 받아들이면서도 끊임없이 나아가려는 노력 속에서 피어나는 것이다. 우리는 쉬운 것 속에서도 완전함을 찾고, 어려운 것 속에서도 완전함을 만들어낼 수 있다. 중년의 경쟁력이란 바로 이 균형을 깨닫고 실천하는 데 있다.

공감 : 인정과 외면

• 인정 속의 공감

　공감이란 단순히 타인의 감정을 이해하는 것을 넘어, 그 감정을 함께 느끼고 받아들이는 능력이다. 철학자 마르틴 부버는 "진정한 만남은 타인을 있는 그대로 인정할 때 시작된다"고 말했다. 공감은 상대방을 있는 그대로 인정하는 데서 출발한다.

　그러나 공감을 하려면 먼저 인정하는 태도가 필요하다. 인정은 단순한 동의가 아니라, 상대방이 처한 상황과 감정을 존중하는 것이다. 링컨 대통령은 노예제 폐지를 추진하며 극단적인 반대에도 불구하고 남북의 갈등을 조정하려 했다. 그는 상대의 입장을 고려하며 조화를 이루는 방향을 찾았고, 이는 공감이 국가를 변화시키는 원동력이 될 수 있음을 보여준다.

• 외면 속의 공감 부재

　공감이 부족한 사회에서는 외면이 만연해진다. 철학자 한나 아렌트는 "악은 평범함 속에서 시작된다"고 말했다. 이는 무관심과 외면이 결국 사회적 불의로 이어질 수 있음을 경고한 것이다.

외면은 단순히 모르는 척하는 것이 아니다. 때로는 감당하기 힘든 상황에서 자기방어적 반응으로 나타난다. 그러나 지속적인 외면은 개인뿐만 아니라 사회 전체의 공감 능력을 약화시킨다. 역사는 공감의 부재가 불러온 비극적인 사례들로 가득하다. 예를 들어, 제2차 세계대전 당시 많은 이들이 유대인 학살에 대해 알고 있었지만, 침묵하거나 외면했다. 공감의 부재는 도덕적 책임의 부재로 이어진다.

• **공감의 균형**

공감은 인정과 외면 사이에서 균형을 이루어야 한다. 모든 감정을 다 받아들이는 것은 불가능하며, 때로는 건강한 거리두기가 필요하다. 하지만 무관심 속에서 공감이 사라질 때, 우리는 인간으로서의 가치를 잃게 된다.

중년이 되면 우리는 공감의 균형을 더욱 중요하게 깨닫는다. 상대를 인정하면서도 스스로를 보호하는 법을 배우고, 외면하지 않으면서도 감정에 휩쓸리지 않는 태도를 갖추는 것이 중요하다. 공감은 단순한 감정이 아니라, 삶을 바라보는 태도이며, 세상을 따뜻하게 변화시키는 힘이다.

경청 : 열림과 닫힘

• 열림

경청은 단순히 듣는 것이 아니다. 그것은 상대의 말 속에 담긴 의미를 이해하고, 그 감정과 논리를 받아들이려는 태도다. 철학자 공자는 "세 사람이 길을 가면, 반드시 나의 스승이 있다"고 말했다. 이는 모든 사람에게서 배울 것이 있으며, 경청하는 태도가 지혜로 가는 길임을 의미한다.

열려 있는 귀를 가진 사람은 세상을 깊이 이해할 수 있다. 열린 마음으로 타인의 말을 들으면, 우리는 더 넓은 시야를 갖게 되고, 새로운 지식을 습득하며, 인간관계를 더욱 돈독히 만들 수 있다. 간디는 "진정한 리더는 말하는 사람이 아니라 듣는 사람"이라고 했다. 그가 비폭력 운동을 통해 많은 사람들의 지지를 받았던 이유는, 그의 말이 아니라 그의 경청하는 태도에 있었다.

• 닫힘

반면, 듣기를 거부하는 태도는 자기만의 세계에 갇히는 결과를 초래한다. 철학자 소크라테스는 "자신이 아는 것이 없음을 아는 것이 지혜의 시작"이라고 말했다. 그러나 닫힌 귀를 가진 사람은 자기 생각만을 옳다고 믿고, 타인의 의견을 무시하며, 결국 성장을 멈추게 된다.

우리는 종종 자신의 신념과 경험에 집착하여 새로운 이야기를 듣기를 거부한다. 하지만 세계는 끊임없이 변화하고 있으며, 우리도 함께 변화해야 한다. 경청을 거부하는 순간, 우리는 더 이상 배우지 못하고, 세상의 흐름과 단절되기 시작한다.

• **경청의 균형**

경청은 무조건적으로 상대방의 말을 받아들이는 것이 아니다. 열린 귀를 갖되, 옳고 그름을 분별할 수 있는 지혜를 갖추는 것이 중요하다. 불필요한 정보나 잘못된 의견을 걸러낼 수 있는 능력이 없다면, 우리는 쉽게 흔들리고 방향을 잃을 수 있다.

중년이 되면서 우리는 경청의 힘을 더욱 절실히 깨닫게 된다. 우리가 타인의 이야기에 귀를 기울이는 만큼, 우리의 삶은 더욱 풍성해지고, 우리의 사고는 더욱 깊어진다. 닫힌 귀로는 배울 수 없고, 열린 귀로는 성장할 수 있다. 경청의 진정한 가치는 단순한 청취가 아니라, 그 과정에서 더 나은 사람이 되어가는 데 있다.

눈물 : 복받침과 메마름

• 복받침

눈물은 인간의 가장 원초적인 감정 표현 중 하나다. 기쁨, 슬픔, 감동, 후회, 그리고 회한 속에서 우리는 눈물을 흘린다. 철학자 루소는 "눈물은 영혼의 깊은 곳에서 솟아나오는 언어"라고 했다. 눈물이 단순한 생리적 현상이 아니라, 감정의 본질적인 흐름을 의미한다는 뜻이다.

눈물은 때로 복받쳐 올라 제어할 수 없는 감정의 분출이 되기도 한다. 우리는 감격할 때, 사랑할 때, 또는 아플 때 눈물을 흘린다. 시인 파블로 네루다는 "눈물은 언어로는 설명할 수 없는 감정의 가장 순수한 형태"라고 했다. 눈물은 말로 표현하기 힘든 순간에 우리를 대신해 마음속 이야기를 전하는 도구가 된다.

복받치는 눈물은 우리가 살아있음을 증명한다. 감동적인 장면, 재회의 순간, 혹은 오래된 꿈이 현실이 되었을 때 우리는 눈물을 흘린다. 이는 감정을 억누르려 해도 저절로 흘러나오는 내면의 진실한 흐름이다.

역사 속 위대한 인물들도 눈물을 감추지 않았다. 링컨 대통령은 노예 해방 선언문을 발표하며 눈물을 보였고, 마틴 루터 킹 주니어는 인권운동의 승리를 바라보며 눈물을 흘렸다. 이들의 눈물은 연약함이 아니라, 깊은 신념과 감동의 순간이었다. 눈물은 때때로 인간이 얼마나 강한 존재인지 보여주는 상징이기도 하다.

• 메마름

눈물이 마른다는 것은 무엇을 의미하는가? 눈물을 흘리지 않는 것이 강함의 증거일까, 아니면 감정을 잃어가는 과정일까? 철학자 니체는 "무감각해지는 것은 삶이 점점 사라지는 과정"이라고 말했다. 눈물을 흘리지 않는 삶은 감정을 억누르고, 결국에는 삶의 본질적인 기쁨과 슬픔을 잃어버리는 것일 수도 있다.

현대 사회에서는 감정을 드러내는 것이 약점으로 보이기도 한다. 우리는 바쁜 일상 속에서 점점 감정을 마주하기를 꺼리게 되고, 차가운 이성으로만 세상을 바라보려 한다. 하지만 눈물이 마르는 순간, 우리는 더 이상 온전한 인간일 수 없다. 감정을 억누른다고 해서 강한 것이 아니다. 오히려 감정을 솔직하게 받아들이고, 그것을 표현하는 것이야말로 인간의 진정한 용기다.

• 눈물의 균형

눈물은 흘려야 할 때 흘려야 한다. 감정을 억누르고 쌓아두면, 그것은 결국 우리의 내면을 잠식하게 된다. 복받침과 메마름 사이에서 우리는 균형을 찾아야 한다. 기쁨과 슬픔을 있는 그대로 받아들이고, 눈물을 자연스럽게 흘릴 수 있을 때 우리의 삶은 더욱 충만해진다.

중년이 되면서 우리는 더욱 단단해지기를 요구받는다. 하지만 단단함이 감정을 버리는 것을 의미하지는 않는다. 오히려 우리는 더 깊이 느끼고, 더 많은 순간에 눈물을 흘릴 줄 알아야 한다. 눈물은 연약함이 아니라, 인간이 가질 수 있는 가장 순수한 힘이다.

눈물이 흐를 때, 우리는 다시금 삶을 느낀다. 감정을 받아들이고 표현하는 것—그것이야말로 인간이 가진 가장 아름다운 능력일 것이다.

버킷리스트 : 소유와 무소유

• 소유

버킷리스트는 단순한 목표 목록이 아니다. 삶을 어떻게 살아갈 것인가에 대한 철학적 질문이다. 인간은 유한한 존재이며, 언젠가는 죽음을 맞이한다. 따라서 우리가 인생에서 이루고 싶은 것들을 정리하는 행위는 단순한 기록이 아니라, 우리의 가치관을 반영하는 과정이다.

불교에서는 집착을 내려놓는 것이 궁극적인 해탈의 길이라고 말한다. 하지만 인간은 소유하고자 하는 욕망을 가지고 있다. 철학자 장 폴 사르트르는 "우리는 존재하기 위해 끊임없이 무언가를 소유하려 한다"고 말했다. 버킷리스트를 작성하는 것은 결국 '내가 진정으로 원하는 것이 무엇인가?'라는 질문을 던지는 과정이다.

많은 사람들이 버킷리스트를 작성할 때, 여행, 자동차, 집, 명품 같은 '소유'의 목록을 포함한다. 이는 우리가 성취를 통해 삶의 만족을 느끼고자 하기 때문이다. 현대 사회에서는 성공과 행복이 물질적인 풍요와 연결되는 경우가 많다. 하지만 과연 소유가 우리에게 궁극적인 행복을 줄 수 있을까?

　역사적으로 위대한 철학자들은 소유에 대한 신중한 태도를 강조했다. 스토아 철학자 세네카는 "많이 가진 것이 아니라, 적게 필요로 하는 것이 더 큰 자유를 준다"고 말했다. 결국 버킷리스트에서 중요한 것은 '무엇을 소유할 것인가?'가 아니라, '그 소유가 내 삶에 어떤 의미를 가지는가?'이다.

• 무소유

　어떤 사람들은 버킷리스트를 '하고 싶은 경험' 중심으로 작성한다. 즉, 물질적 소유가 아니라 감정적, 정신적 경험을 쌓는 데 초점을 둔다. 여행, 사랑, 봉사, 배움, 도전 같은 것들이다. 불교적 개념인 무소유의 철학과 맞닿아 있다. 법정 스님은 "무소유란 아무것도 가지지 않는 것이 아니라, 불필요한 집착에서 자유로워지는 것이다"라고 말했다.

　버킷리스트는 단순한 '소유의 목록'이 아니라, '삶의 방향'이어야 한다. 경험과 관계, 깨달음에 초점을 둔 버킷리스트는 소유의 무게에서 벗어나 더 깊은 만족을 줄 수 있다. 소유하지 않아도 얻을 수 있는 것들, 예를 들어, 타인과의 따뜻한 교감, 자연 속에서의 평온함,

나 자신과의 조화—이런 것들이야말로 진정한 버킷리
스트의 핵심이 아닐까?

• **버킷리스트의 균형**

중년이 되면서 '무엇을 더 가질 것인가?'보다 '무엇
을 남길 것인가?'를 고민하게 된다. 젊을 때는 성취와
소유에 집중했다면, 나이가 들수록 내려놓음과 본질적
인 가치에 관심을 갖게 된다. 버킷리스트를 작성할 때,
단순한 소유의 목록을 넘어 삶의 방향을 설정하는 것
이 중요하다.

소유와 무소유 사이에서 균형을 찾는 것—그것이야
말로 진정한 버킷리스트의 의미다. 무언가를 이루고
싶어 하지만, 결국 남는 것은 가진 것이 아니라, 경험
한 것들이다. 중년의 경쟁력이란 바로 이 지점을 이해
하고, 버킷리스트를 통해 삶을 더 깊이 있게 바라보는
데서 나온다.

무의미 : 없음과 있음

• **없음의 의미**

무의미하다는 감정은 종종 삶의 공허함과 연결된다. 가끔 '이 일이 무슨 의미가 있을까?'라는 질문을 던지며, 목표 없이 살아가는 듯한 순간을 경험한다. 철학자 장 폴 사르트르는 "인간은 무(無) 속으로 던져진 존재"라고 말했다. 그의 실존주의적 관점에서 보면, 우리는 본래 정해진 의미 없이 태어나며, 스스로 의미를 창조해야 하는 존재다.

무의미함이 우리를 괴롭히는 이유는, 그것이 삶의 본질적인 허무함을 드러내기 때문이다. 공자도 "뜻이 없는 삶은 메마른 땅과 같다"고 했다. 목적과 의미 없이 살아간다면, 우리는 자신의 존재 이유를 잃어버리게 된다.

• **있음의 의미**

역설적이게도, 우리는 '있음' 속에서도 무의미함을 느낀다. 원하는 것을 이루고, 모든 것을 가졌음에도 불구하고 공허함을 느끼는 순간이 있다. 이와 관련하여 톨스토이는 "인간이 온 세상을 가졌다고 해도, 그 삶의 의미를 찾지 못하면 결국 허무에 빠질 것이다”라고 했다.

물질적 성공을 이룬 사람들이 오히려 삶의 공허함을 호소하는 경우가 많다. 무의미가 단순한 ‘결핍’에서 오는 것이 아니라, 삶의 방향성과 관계가 있음을 시사한다. 의미는 단순히 목표를 이루는 데서 오는 것이 아니라, 그것이 가치와 어떻게 연결되는가에 달려 있다.

• **무의미와 의미의 균형**

무의미를 두려워할 필요는 없다. 무의미함은 우리에게 삶의 의미를 다시금 성찰하게 만드는 기회가 될 수도 있다. 니체는 “인간은 허무를 마주할 때 비로소 새로운 가치를 창조할 수 있다”고 했다. 즉, 무의미를 받아들이는 과정 속에서 더 깊은 의미를 찾을 수 있다.

중년이 되면서 무의미함을 더 자주 마주하게 된다. 하지만 그 순간이야말로 삶을 다시 정의할 기회가 된다. 무의미함 속에서도 작은 의미를 찾고, 그것을 쌓아나가는 것이야말로 삶을 풍요롭게 하는 길이다.

의미란 주어지는 것이 아니라, 만들어가는 것이다. 순간순간의 사색과 실천 속에서 발견될 수 있다. 없음과 있음의 사이에서, 스스로 의미를 만들어가야 한다.

젊음: 중년과 청년

• **청년의 젊음**

젊음이란 단순히 나이로 정의될 수 있는 것이 아니다. 도전하는 정신이며, 아직 채워지지 않은 가능성의 영역이다. 니체는 "청춘이란 삶의 태도이지 나이가 아니다"라고 했다. 청년기의 젊음은 미완성에서 비롯된 에너지다. 실수와 실패에도 다시 일어설 수 있는 용기, 새로운 것에 대한 끊임없는 호기심이 청년의 젊음을 정의한다.

청년에게 젊음은 끊임없는 탐색의 과정이다. 그들은 목표를 찾아 방황하고, 불확실성 속에서도 가능성을 좇는다. 이 젊음은 무엇이든 될 수 있는 열린 가능성이며, 아직 굳어지지 않은 사고방식에서 비롯된다. 그렇기 때문에 청년의 젊음은 때때로 불안정하고 방향을 잃기도 한다. 하지만 그 속에서도 의미를 발견하고, 성장을 향해 나아가는 과정 자체가 젊음의 본질이라 할 수 있다.

• **중년의 젊음**

젊음이 오직 청년의 것만은 아니다. 중년이 된다는

것은 신체적 노화와 함께 삶의 경험이 쌓이는 과정이
지만, 그것이 곧 젊음을 잃는 것을 의미하지는 않는다.
오히려 중년의 젊음은 청년의 젊음보다 더욱 강인하고
지속가능한 형태를 띤다.

철학자 카를 구스타프 융은 "인간은 중년에 이르러
서야 비로소 자신의 진정한 모습을 깨닫는다"고 했다.
중년이야말로 젊음을 성숙의 틀 안에서 다시 발견하는
시기임을 뜻한다.

중년의 젊음은 무모함이 아닌 지혜 속에서 형성된
다. 중년이 되면 삶에 대한 이해가 깊어지고, 자신의
강점과 한계를 보다 명확히 인식하게 된다. 그 과정에
서 젊음은 단순한 열정이 아니라, 신념과 지속적인 자
기 갱신의 형태로 자리 잡는다. 중년의 젊음은 청년기
의 열정이 지혜와 결합하여 지속적인 도전을 가능하게
만드는 힘이다.

• 젊음의 균형

청년과 중년의 젊음은 서로 다른 색채를 띠지만, 본
질적으로 같은 뿌리를 공유한다. 청년이 불확실성을
받아들이고 도전하는 젊음이라면, 중년의 젊음은 경험
과 통찰을 바탕으로 새로운 가능성을 만들어가는 과정

이다.

중년이 되었다고 해서 젊음을 잃는 것이 아니다. 중요한 것은 젊음을 유지하려는 태도와 그것을 지속하는 방법이다. 철학자 소크라테스는 "배움을 멈추는 순간, 인간은 늙기 시작한다"고 말했다. 청년과 중년의 차이는 단순한 연령의 문제가 아니라, 배움과 성장의 지속 여부에 달려 있다.

중년의 젊음은 더 이상 외부의 인정에 의존하는 것이 아니라, 자기 내면의 확신에서 비롯된다. 중년이 되면서 우리는 더 이상 청년처럼 모든 가능성을 열어두지 않는다. 하지만 그것이 곧 젊음을 잃는 것은 아니다. 우리가 가진 가능성을 더욱 정교하게 다듬고, 그것을 지속 가능한 방향으로 이끌어가는 것—그것이 바로 중년의 젊음이다.

청년의 젊음은 불완전함 속에서 만들어지고, 중년의 젊음은 완성을 향해 가는 과정 속에서 단단해진다. 젊음은 특정 시기가 아니라, 삶을 대하는 태도와 방향성에서 결정되는 것이다.

5장 GOLD

Sincere Success

몬 : 끝과 시작
명성 : 더하기와 나누기
깨달음 : 아는 것과 모르는 것
생명 : 지금의 나와 새로운 나
사치 : 가짜와 진짜
수다 : 밖과 안
질투 : 두려움과 부러움
풍요로움 : 불만족과 만족
동행 : 일직선과 평행선
관계 : 만남과 헤어짐

• 돈의 끝

돈은 현대 사회에서 삶의 필수 요소로 여겨지지만, 그것이 곧 삶의 목적이 될 수는 없다. 철학자 에픽테토스는 "소유의 많고 적음이 삶의 질을 결정하는 것이 아니라, 그것을 바라보는 태도가 결정한다"고 말했다. 돈은 종종 끝없는 욕망의 대상으로 자리 잡으며, 사람들은 더 많은 부를 축적하는 것을 삶의 목표로 삼는다. 하지만 과연 돈이 많아지는 것이 진정한 끝을 의미하는가?

많은 사람들이 부를 이루고도 공허함을 느끼는 이유는, 돈이 목표가 되어버렸기 때문이다. 돈을 벌어야 한다는 압박이 인생의 유일한 동력이 될 때, 우리는 그것이 충족되었을 때 더 이상 나아갈 방향을 잃어버린다. 돈은 우리의 끝이 되어서는 안 되며, 그것이 없다고 해서 삶이 끝나는 것도 아니다. 돈이 우리를 구속하는 순간, 그것은 오히려 삶의 걸림돌이 된다.

• 돈의 시작

돈은 새로운 시작의 기회가 될 수도 있다. 돈은 단순

한 교환 수단이 아니라, 삶을 풍요롭게 만들기 위한 도구다. 철학자 존 스튜어트 밀은 "돈은 자유를 위한 수단이지, 자유 그 자체가 아니다"라고 말했다. 돈을 어떻게 쓰느냐에 따라 우리의 삶은 전혀 다른 방향으로 흐를 수 있다.

돈을 통한 시작은 우리가 원하는 가치 있는 일에 투자할 때 비로소 의미를 갖는다. 새로운 배움을 시작하거나, 다른 사람을 돕거나, 더 나은 삶의 방식을 찾아가는 과정에서 돈은 중요한 역할을 할 수 있다. 중요한 것은 돈을 쫓는 것이 아니라, 그것을 통해 무엇을 시작할 것인가를 고민하는 것이다.

• 돈의 균형

돈은 끝이자 시작이다. 그것은 목표가 아니라 과정이며, 우리가 어떻게 활용하느냐에 따라 의미가 달라진다. 돈을 두려워할 필요도 없고, 맹목적으로 추구할 필요도 없다. 중요한 것은 돈을 통해 우리가 어떤 가치를 창출하고, 어떤 삶을 만들어갈 것인가이다. 돈을 삶의 수단으로 삼되, 그 너머의 가치를 잊지 않는 것—그것이야말로 돈을 다루는 가장 지혜로운 방식이다.

명성 : 더하기와 나누기

• 명성의 더하기

　명성은 개인이 사회에서 쌓아가는 신뢰와 평판의 총합이다. 그것은 성취의 결과이며, 세상이 우리를 어떻게 인식하는지에 대한 거울이기도 하다. 철학자 플라톤은 "명성은 진정한 덕목의 반영이 되어야 한다"고 말했다. 즉, 명성은 단순한 외적 평가가 아니라, 우리가 어떤 가치를 창출하고 어떤 존재로 살아가느냐에 따라 형성된다.

　명성은 쌓을수록 더 커지는 특성을 갖는다. 좋은 평판은 더 많은 기회를 만들고, 새로운 인맥과 신뢰를 불러온다. 이는 기업 경영에서도 동일하게 적용된다. 기업이 신뢰를 구축하면, 소비자들은 그 브랜드를 더욱 선호하게 되고, 시장에서의 입지가 더욱 확고해진다. 우리가 살아가는 개인적 삶에서도 마찬가지다. 우리가 좋은 행동과 가치를 실천할 때, 우리의 명성은 지속적으로 더해진다.

　하지만 명성의 더하기에는 주의할 점이 있다. 잘못된 방향으로 쌓인 명성은 가식적이거나 허상에 불과할 수 있다. 명성을 쌓는 과정에서 내면의 가치가 사라지고, 단순히 외적 평가에 집착하게 된다면 그것은 더 이상 진정한 명성이 아니라 일시적인 인기일 뿐이다. 명성은 덕과 결합할 때 진정한 힘을 가진다.

• **명성의 나누기**

명성은 나눌수록 더욱 가치 있어진다. 진정한 명성을 가진 사람은 그것을 독점하려 하지 않는다. 사회에 공헌하고, 자신의 지식과 경험을 나누며, 다른 이들에게 영감을 주는 과정에서 명성은 더욱 깊이 뿌리내린다. 공자는 "진정한 군자는 자신의 덕을 나누고, 지혜를 공유하며, 세상을 밝게 만든다"고 말했다.

우리는 종종 명성을 지키는 것이 중요하다고 생각하지만, 명성을 나눌 때 더욱 가치 있는 것이 된다. 인류의 역사를 보면, 자신이 가진 지식을 숨기지 않고 나누었던 인물들이 더욱 존경받아왔다. 노벨상을 만든 알프레드 노벨은 생전에 무기 개발로 명성을 얻었지만, 후에 자신의 유산을 학문과 인류의 발전을 위해 사용하면서 그의 명성은 더욱 깊어졌다.

명성을 나누는 것은 후배나 동료들에게 기회를 주는 것을 의미하기도 한다. 위대한 리더들은 자신의 명성을 이용해 다음 세대를 성장시키고, 새로운 가능성을 열어준다. 스티브 잡스는 애플을 통해 혁신을 만들었지만, 그의 철학과 비전이 후배들에게 계승되면서 애플은 더욱 발전했다. 명성을 가진 사람은 그것을 독점하는 것이 아니라, 후배들이 더욱 성장할 수 있도록 돕는 데 사용할 때 더욱 큰 가치를 창출한다.

• **명성의 균형**

명성은 더하기만 해서는 안 되며, 나누기만 해서는 지속될 수 없다. 중요한 것은 이 두 가지의 균형을 맞추는 것이다. 명성을 더하는 과정에서는 우리가 어떤 가치를 창출하고 있는지 성찰해야 하며, 나누는 과정에서는 그것이 진정성 있게 전달되고 있는지를 점검해야 한다.

명성은 영원하지 않다. 그것은 우리의 행동과 삶의 방향에 따라 변화한다. 우리가 명성을 쌓아가는 동안에도, 그것을 어떻게 활용할 것인지에 대한 고민이 필요하다. 단순한 외적 평가를 넘어서, 우리가 남기는 명성이 후대에도 긍정적인 영향을 미칠 수 있도록, 더하고 나누는 균형 속에서 명성을 다뤄야 한다.

진정한 명성이란, 자신만의 것이 아니라 사회적 가치로 남을 때 비로소 완성된다. 명성을 쌓아가는 과정

에서, 우리는 단순한 평가에 집착하는 것이 아니라, 그
것이 우리 삶을 얼마나 의미 있게 만드는지 돌아봐야
한다. 더하고 나누는 과정 속에서 우리의 명성은 더욱
빛날 것이다.

깨달음 : 아는 것과 모르는 것

• 아는 것의 깨달음

우리는 흔히 지식을 쌓아가는 것이 깨달음이라고 생각한다. 그러나 진정한 깨달음은 단순한 정보의 축적이 아니라, 삶을 바라보는 시각이 변화하는 과정이다. 소크라테스는 "나는 내가 모른다는 것을 안다"라고 말했다. 우리가 지식을 탐구할수록 더 많은 질문을 던지게 된다는 점을 시사한다.

아는 것은 곧 우리가 익숙해지고 이해한 세계를 의미한다. 과학, 역사, 철학 등 다양한 분야에서 우리는 학습을 통해 세상을 더 깊이 인식한다. 하지만 이러한 지식은 깨달음의 일부일 뿐이다. 아는 것은 때때로 우리를 제한하고, 우리가 모르는 영역을 간과하게 만든다. 우리가 확신하는 순간, 더 깊은 탐구가 멈출 수도 있기 때문이다.

• 모르는 것의 깨달음

깨달음의 또 다른 중요한 요소는 '모른다는 것'을 인정하는 것이다. "비움으로써 가득 찬다"라는 말이 있다. 우리가 모른다는 것을 인정할 때, 새로운 배움과 성장이 시작된다.

불교에서는 '무지(無知)'가 깨달음의 시작이라고 말한다. 모든 것을 안다고 생각하는 사람은 더 이상 배우려 하지 않지만, 자신이 모른다는 것을 아는 사람은 끊임없이 탐구한다. 장자는 "큰 지혜는 물처럼 유연하고, 작은 지혜는 돌처럼 굳다"고 했다. 이는 지식을 절대적이라고 믿는 것이 아니라, 유연한 사고를 통해 모르는 것을 인정하고 배우려는 태도가 중요함을 의미한다.

• 깨달음의 균형

아는 것과 모르는 것 사이에서 균형을 잡는 것이 진정한 깨달음이다. 아는 것을 활용하여 현실을 이해하고, 모르는 것을 받아들여 새로운 배움을 열어가는 것이 중요하다. 중년이 되면 우리는 많은 경험과 지식을 쌓게 되지만, 여전히 모르는 것이 많다는 사실도 깨닫는다.

칸트는 "인간의 이성은 끝없이 질문을 던지지만, 모든 답을 알 수는 없다"고 했다. 즉, 깨달음은 지식을 쌓는 과정이면서도, 그 지식이 한계를 가질 수밖에 없음을 인정하는 것이다. 우리가 삶을 살아가며 점점 더 깊이 있는 성찰을 하게 되는 것은, 바로 이 두 가지 요소를 조화롭게 다루는 과정에서 비롯된다.

　중년의 경쟁력이란, 단순히 아는 것을 늘리는 것이 아니라, 모르는 것을 인정하고 배우려는 자세를 잃지 않는 데서 나온다. 깨달음은 끝없는 과정이며, 아는 것과 모르는 것 사이에서 균형을 잡을 때 우리는 더욱 지혜로운 삶을 살아갈 수 있다.

• **지금의 나, 존재의 의미**

생명이란 단순한 생물학적 개념이 아니다. 그것은 매 순간 살아 숨 쉬는 존재의 의미를 탐구하는 과정이다. 하이데거는 "인간은 존재를 사유하는 존재"라고 말했다. 즉, 지금의 나는 단순히 시간이 흘러온 결과가 아니라, 과거의 경험과 현재의 선택이 축적된 존재이다.

지금의 나는 삶은 경험을 통해 형성된 정체성이지만, 동시에 끊임없이 변화하고 있다. 우리는 과거에 머물러 있지 않으며, 매 순간 새로운 선택을 하면서 현재를 만들어간다. 이는 생명이 정적인 것이 아니라, 끊임없는 변화 속에서 지속되는 과정임을 의미한다.

• **새로운 나, 변화를 향한 길**

새로운 나는 아직 경험하지 않은 가능성의 영역이다. 인간은 태어나면서부터 변화를 거듭하며 성장하는 존재다. 불교에서는 "모든 것은 끊임없이 변한다"는 무상(無常)의 개념을 강조한다. 우리는 어제와 같은 사람이 아니며, 내일의 우리는 오늘의 나와 다를 것이다.

새로운 나를 받아들이는 것은 곧 변화를 두려워하지

않는 태도를 의미한다. 삶에서 맞닥뜨리는 변화는 때로는 두렵고 불안하지만, 그것이야말로 생명의 본질이다. 철학자 니체는 "자신을 초월하는 삶을 살라"고 했다. 이는 현재의 나에 안주하지 않고, 새로운 가능성을 향해 나아가라는 의미다.

• 생명의 균형

지금의 나와 새로운 나 사이에서 우리는 균형을 찾아야 한다. 과거의 경험과 현재의 정체성을 인정하면서도, 미래의 변화와 새로운 가능성을 받아들여야 한다. 중년이 된다는 것은 단순히 나이가 드는 것이 아니라, 삶의 깊이를 더해가는 과정이다.

우리는 과거의 나로부터 배우고, 현재의 나를 인정하며, 새로운 나를 향해 나아갈 때 더욱 의미 있는 삶을 살 수 있다. 생명은 정체된 것이 아니라, 매 순간 새롭게 만들어가는 것이다. 지금의 나를 소중히 여기면서도, 변화를 두려워하지 않는 것이야말로 진정한 삶의 철학이다.

사치 : 가짜와 진짜

• 가짜 사치

사치는 흔히 낭비적이고 불필요한 소비로 여겨지지만, 그 본질을 들여다보면 사치는 인간의 욕망을 드러내는 상징적인 행위이기도 하다. 가짜 사치는 타인의 시선을 의식하고, 외적인 평가를 얻기 위한 소비로 이루어진다. 철학자 장 보드리야르는 "현대 사회에서 소비는 단순한 필요의 충족이 아니라, 사회적 신호의 기능을 한다"고 했다. 즉, 가짜 사치는 본질적인 만족보다 타인의 인정을 받기 위한 소비 행태를 의미한다.

가짜 사치는 일시적인 만족감을 줄 수 있지만, 내면의 공허함을 채워주지는 못한다. 명품을 소유하는 것이 곧 자신의 가치를 높여준다고 믿는 순간, 우리는 사물에 종속되고 만다. 불교에서는 집착을 내려놓을 때 비로소 자유로워질 수 있다고 한다. 그러나 가짜 사치는 소유를 통해 자유를 얻으려 하지만, 결국 소유에 얽매여 더 큰 불만족을 낳는다.

• 진짜 사치

진짜 사치는 단순한 소비를 넘어, 삶을 풍요롭게 만

드는 요소가 된다. 존 러스킨은 "사치는 단순히 화려함이 아니라, 삶의 질을 높이는 데 기여해야 한다"고 말했다. 진짜 사치는 외적인 과시가 아니라, 내면의 만족과 연결된 것이다.

진짜 사치는 자신의 삶을 더 가치 있게 만드는 선택에서 온다. 예술을 감상하고, 자연 속에서 시간을 보내고, 가족과 깊이 있는 대화를 나누는 것—이 모든 것이 진정한 사치일 수 있다. 우리는 사치가 물질적인 것이라고 생각하기 쉽지만, 사실 가장 값진 사치는 돈으로 살 수 없는 경험과 감정 속에 존재한다. 하루 동안 아무런 방해 없이 책을 읽는 시간, 사랑하는 사람과 보내는 조용한 저녁, 그리고 자신만의 공간에서 온전히 몰입할 수 있는 순간들이야말로 진짜 사치다.

• 사치의 균형

가짜 사치와 진짜 사치의 차이는 소비의 방식이 아니라, 그것이 우리 삶에 주는 의미에서 비롯된다. 사치는 단순한 낭비가 아니라, 삶을 보다 깊이 있게 만드는 요소가 될 수 있다. 중요한 것은 사치가 나를 위한 것인지, 타인의 시선을 의식한 것인지 성찰하는 것이다.

중년이 되면서 우리는 사치의 의미를 재정립할 필요

가 있다. 젊은 시절에는 외적인 성공과 인정이 중요했
다면, 중년 이후에는 내적인 충만함이 더 중요한 가치
가 된다. 진정한 사치는 더 많이 소유하는 것이 아니라,
더 깊이 경험하고 더 의미 있게 존재하는 것이다.

궁극적으로, 사치는 삶을 아름답게 만드는 도구가
되어야 한다. 가짜 사치는 우리를 소비의 노예로 만들
지만, 진짜 사치는 우리를 더욱 풍요로운 삶으로 이끈
다. 중년의 경쟁력이란, 단순한 소유를 넘어, 진정한
가치 있는 것들을 선택하고 향유할 수 있는 능력에 달
려 있다.

수다 : 밖과 안

• 밖으로 향하는 수다

수다는 인간의 본성 중 하나다. 우리는 끊임없이 말을 하며, 이야기를 나누며, 관계를 형성한다. 밖으로 향하는 수다는 타인과의 연결을 강화하는 역할을 한다.

철학자 한나 아렌트는 "인간은 말함으로써 세계 속에 존재한다"고 말했다. 이는 우리가 대화를 통해 자신을 표현하고, 타인의 존재를 확인하며, 공동체의 일원으로 자리 잡는다는 의미다.

밖으로 향하는 수다는 단순한 말의 교환이 아니라, 사회적 관계를 형성하는 중요한 요소다. 우리는 대화를 통해 공감을 나누고, 경험을 공유하며, 때로는 갈등을 해소하기도 한다. 하지만 수다가 피상적인 차원에서만 머무를 때, 그것은 단순한 소음이 될 수도 있다. 의미 없는 가십이나 타인의 이야기를 소비하는 것은 결국 내면을 비워버리는 행위가 될 수 있다.

• 안으로 향하는 수다

수다는 꼭 밖으로만 향하는 것이 아니다. 우리는 스스로에게 말하며 내면과 대화한다. 소크라테스는 "너 자신을 알라"고 말했다. 이는 자신과의 대화를 통해 내면을 탐구하고, 자기 성찰을 이루어야 한다는 의미다.

안으로 향하는 수다는 자신을 돌아보는 과정이다. 자신의 감정을 이해하고, 고민을 정리하며, 삶의 방향을 설정하는 데 있어 내면의 목소리에 귀 기울일 필요가 있다. 내면과의 대화 없이 외부와의 대화에만 몰두하면, 진정한 자아를 잃어버릴 수 있다.

• 수다의 균형

수다는 밖과 안, 이 두 가지가 균형을 이룰 때 진정한 의미를 가진다. 타인과의 대화를 통해 세상을 이해하고, 내면과의 대화를 통해 자신을 이해해야 한다. 밖으로 향하는 수다는 관계를 형성하지만, 안으로 향하는 수다는 자기 자신과 친밀해지는 길이다.

중년이 되면, 더욱 깊이 있는 대화를 추구하게 된다. 단순한 말의 나열이 아니라, 의미 있는 대화를 통해 내면을 풍요롭게 하는 것이 중요하다. 수다는 결국 삶의 방식이며, 그것이 깊이 있는 성찰과 연결될 때, 우리는 더욱 성숙한 중년을 살아갈 수 있다.

질투 : 두려움과 부러움

• 질투 속의 두려움

질투는 인간 본성의 한 부분이며, 살아가면서 피할 수 없는 감정 중 하나다. 질투는 종종 두려움과 연결된다. 두려움은 자신이 부족하다고 느낄 때, 또는 누군가가 자신이 가진 것을 빼앗을지도 모른다는 불안 속에서 생겨난다. 장 자크 루소는 "질투는 자신이 잃을까 두려워하는 것에서 시작된다"고 말했다. 우리가 질투를 느끼는 순간, 이미 내면에서 두려움이 싹트고 있음을 의미한다.

질투 속 두려움은 비교에서 비롯된다. 우리는 타인의 성공과 성취를 바라보며, 그것이 자신의 가치를 위협한다고 느낄 때 질투를 경험한다. 그러나 이러한 감정은 종종 왜곡된 시각에서 비롯된다. 우리가 보지 못하는 타인의 고통과 노력, 그리고 그들의 현실적인 한계를 무시한 채, 단지 그들이 가진 겉모습만을 바라보며 비교하기 때문이다. 이 과정에서 우리는 자신을 비하하게 되고, 만족을 잃어버리며, 불안에 사로잡히게 된다.

• 질투 속의 부러움

질투는 반드시 부정적인 감정만은 아니다. 질투 속에서 긍정적인 요소를 발견할 수도 있다. 질투가 단순한 시기가 아니라, 누군가를 본받고 싶다는 건강한 부러움으로 변화할 때, 그것은 성장의 동력이 될 수 있다. 철학자 쇼펜하우어는 "부러움이란 우리 내면에서 아직 실현되지 않은 가능성의 반영"이라고 말했다. 우리가 부러움을 느끼는 순간, 그것은 우리에게도 그러한 성취가 가능하다는 신호일 수 있다.

질투가 부러움으로 전환될 때, 우리는 타인의 성공을 자신을 향한 도전으로 받아들이게 된다. 타인의 성취가 곧 자신의 가능성을 보여주는 사례가 될 수 있으며, 이를 통해 우리는 더 나은 자신이 되기 위해 노력할 수 있다. 질투는 불안과 자기 비하로 이어질 수도 있지만, 동시에 우리를 앞으로 나아가게 하는 원동력이 될 수 있다.

• 질투의 균형

질투를 어떻게 다루느냐에 따라 그것은 독이 될 수 있고, 성장의 밑거름이 될 수 있다. 두려움이 지배하는 질투는 우리를 위축시키고, 남을 비난하게 만들며, 자신의 가치를 깎아내리게 한다. 반면, 부러움을 동력으로 삼는 질투는 우리에게 도전의식을 심어주고, 더 나은 자신을 향해 나아가게 한다.

중년이 되면서 질투라는 감정을 보다 성숙한 시각으로 바라볼 필요가 있다. 젊은 시절에는 질투가 경쟁심과 비교에서 비롯되는 경우가 많았다면, 중년 이후에는 내면을 돌아보는 계기가 될 수 있다. 우리는 무엇을 두려워하고 있으며, 무엇을 부러워하는가? 질투의 감정을 마주할 때, 그것을 두려움으로 받아들일 것인가, 아니면 성장의 기회로 삼을 것인가? 결국, 질투를 어떻게 바라보느냐가 삶을 결정짓는 중요한 요소가 된다.

질투를 단순한 시기와 불안이 아니라, 자신의 발전을 위한 신호로 활용할 수 있다면, 우리는 더욱 성숙하고 의미 있는 삶을 살아갈 수 있다. 질투는 부정적인 감정이 아니다. 그것을 어떻게 다루느냐에 따라, 우리의 삶은 더욱 풍요로워질 수 있다.

풍요로움 : 불만족과 만족

• 불만족의 역설

인간은 본질적으로 결핍을 느끼는 존재다. 에리히 프롬은 "결핍을 인식하는 순간, 우리는 더 많은 것을 원하게 된다"고 말했다. 불만족은 우리가 더 나은 것을 추구하게 하는 원동력이지만, 동시에 끊임없는 욕망 속에서 허기를 느끼게도 만든다.

불만족은 우리의 삶을 끊임없이 변화시키는 요소지만, 그것을 어떻게 받아들이느냐에 따라 삶의 질이 달라진다. 소비 사회에서는 불만족을 자극하여 더 많은 물질적 욕망을 부추긴다. 우리는 새로운 것을 소유할 때 잠시 만족하지만, 곧 다시 새로운 불만족이 생겨난다. 이 과정은 끝이 없고, 진정한 풍요를 느끼지 못하게 만든다.

• 만족의 깊이

만족은 순간적인 충족이 아니라, 삶을 바라보는 태도에서 비롯된다. 우리가 이미 가진 것에 감사할 때, 불필요한 욕망에서 벗어나 진정한 풍요로움을 경험할 수 있다.

만족은 단순히 욕망을 억제하는 것이 아니라, 시선을 바꾸는 것이다. 물질적인 것이 아니라 관계와 경험, 그리고 삶의 의미를 찾을 때 우리는 지속적인 만족을 느낄 수 있다. 궁극적으로, 풍요로움은 많은 것을 가지는 것이 아니라, 가진 것의 가치를 온전히 느낄 때 비로소 완성된다.

• 풍요로움의 균형

불만족과 만족은 대립하는 것이 아니라, 균형을 이루어야 한다. 불만족이 없다면 우리는 성장하지 못하고, 만족이 없다면 끊임없이 허기질 것이다. 중요한 것은 불만족을 동기로 삼되, 만족을 통해 삶의 의미를 찾는 것이다.

중년이 되면서 진정한 풍요로움이 무엇인지 고민하게 된다. 더 많은 것을 소유하는 것이 아니라, 이미 가진 것에 감사하고, 삶의 본질을 바라보는 것이야말로 중년의 지혜다. 결국, 풍요로움이란 우리의 선택과 태도에서 비롯된다.

동행: 일직선과 평행선

• 일직선의 동행

동행은 삶의 여정 속에서 함께 걸어가는 사람들과의 관계를 의미한다. 어떤 관계는 같은 목적지를 향해 나아가는 '일직선'과 같다. 부부, 가족, 친구 혹은 동료처럼 같은 방향을 바라보며 함께 성장하는 사람들이다. 철학자 장 폴 사르트르는 "인간은 타인과 함께하는 존재이며, 우리는 타인을 통해 자신의 의미를 찾는다"고 말했다. 일직선의 동행은 공통된 목표와 가치 속에서 함께 발전하는 관계를 의미한다.

일직선의 동행은 서로가 같은 방향을 향해 있기 때문에 강한 유대감을 형성한다. 신뢰와 협력 속에서 관계가 깊어지며, 함께 성장하고 서로를 지지하는 힘이 된다. 우리는 인생의 중요한 순간마다 이런 동반자와 함께하며, 그들과의 경험을 통해 자신을 더욱 단단하게 만들어간다.

그러나 일직선의 동행이 항상 쉬운 것은 아니다. 때로는 방향이 어긋나기도 하고, 속도가 달라질 수도 있다. 누군가는 더 빠르게 나아가고, 누군가는 멈춰서기도 한다. 이런 순간이 왔을 때, 중요한 것은 서로를 이

해하고 조율하는 것이다. 동행은 단순히 같은 길을 걷
는 것이 아니라, 서로의 속도와 방향을 조화롭게 맞추
어 가는 과정이다.

● **평행선의 동행**

　'평행선'은 서로 가까이 있지만 결코 하나로 합쳐지
지 않는 동행이다. 인생에서 만나는 많은 사람들은 서
로 다르게 살아가지만, 같은 공간과 시간을 공유하며
공존한다. 철학자 마르틴 부버는 "진정한 관계란 상대
방을 변화시키려 하지 않고, 있는 그대로 받아들이는
것"이라고 말했다. 평행선의 동행은 서로 다름을 인정
하고 존중하는 관계다.

　평행선의 동행은 서로의 삶을 간섭하지 않으면서도
지켜봐 주는 관계다. 우리는 직장 동료, 이웃, 그리고
일상에서 스쳐 지나가는 수많은 사람들과 평행선을 이
루며 살아간다. 이 관계는 가까워 보이지만, 서로 다른
방향을 가고 있다는 점에서 독립적이다. 때로는 평행
선의 동행이 일지선보다 더 진정한 관계일 수도 있다.
억지로 방향을 맞추려 하다 보면 갈등이 생기고 관계
가 어긋날 수 있기 때문이다.

　그러나 평행선의 동행이 항상 거리를 유지해야 하는

것은 아니다. 인생의 어떤 순간, 평행선이었던 관계가 일직선으로 바뀔 수도 있다. 오랜 친구가 인생의 중요한 순간에 함께 걸어가게 될 수도 있고, 처음에는 서로 다른 길을 가던 사람들이 점점 같은 방향으로 나아가기도 한다. 따라서 평행선의 동행도 언젠가 일직선이 될 가능성을 내포하고 있다.

• 동행의 균형

인생에서 우리는 일직선과 평행선의 동행을 모두 경험한다. 중요한 것은 어떤 관계가 더 가치 있는지가 아니라, 각 관계가 우리 삶에서 어떤 의미를 가지는지를 이해하는 것이다. 일직선의 동행은 깊은 유대와 신뢰를 바탕으로 이루어지며, 함께 성장하는 힘이 있다. 반면, 평행선의 동행은 독립성과 자율성을 존중하며, 서로 다른 길을 가면서도 조화롭게 공존하는 방식을 보여준다.

중년이 되면서 우리는 다양한 관계의 형태를 더욱 깊이 이해하게 된다. 때로는 일직선의 동행을 소중히 여기고, 때로는 평행선의 동행을 인정하며 살아간다. 중요한 것은 억지로 관계의 방향을 맞추려 하기보다, 각 관계가 주는 의미를 깨닫고 자연스럽게 받아들이는 것이다.

　결국, 동행이란 같은 길을 가는 것이 아니라, 함께 존재하는 것 자체가 의미가 된다. 누군가와 함께 걸을 수도 있고, 각자의 길을 가면서도 서로를 응원할 수도 있다. 인생에서 가장 중요한 것은 방향이 같든 다르든, 진정한 관계 속에서 서로의 존재를 인정하고 존중하는 태도일 것이다.

관계 : 만남과 헤어짐

• 만남의 의미

인생은 수많은 만남으로 이루어진다. 어떤 만남은 우리의 삶을 바꾸고, 어떤 만남은 스쳐 지나가지만, 모든 만남에는 의미가 있다. 마르틴 부버는 "인간은 '나―너'의 관계 속에서 존재한다"고 말했다. 즉, 우리는 타인을 통해 자신의 존재를 확인하고, 삶의 의미를 찾는다.

만남은 우연처럼 보이지만, 필연적인 의미를 지닌 경우가 많다. 어떤 사람과의 만남이 우리를 성장하게 하고, 삶의 방향을 바꿀 수도 있다. 때로는 작은 인연이 커다란 변화를 가져오기도 한다. 중요한 것은 단순한 만남이 아니라, 그 만남 속에서 어떤 가치를 발견하는가이다.

시인 정호승은 "사람이 사람을 만난다는 것은 그 사람의 삶에 가만히 걸어 들어가는 일이다"라고 말했다. 이는 우리가 맺는 모든 인연이 단순한 스침이 아니라, 서로의 삶에 흔적을 남기며 깊이 스며든다는 의미다. 만남은 삶을 더욱 풍요롭게 하는 씨앗과 같으며, 그것이 잘 가꾸어질 때 우리는 더욱 성숙한 존재로 성장하게 된다.

• **헤어짐의 의미**

헤어짐은 만남만큼이나 중요한 의미를 가진다. 우리는 관계를 맺기도 하지만, 언젠가는 헤어지기도 한다. 장 폴 사르트르는 "모든 관계는 끝을 내포하고 있다"고 말했다. 그러나 끝이 반드시 상실을 의미하는 것은 아니다. 어떤 헤어짐은 새로운 시작이 되기도 하고, 더 깊은 성찰의 계기가 되기도 한다.

법정 스님은 "버리고 떠나야 할 것은 집착이지 인연이 아니다"라고 했다. 헤어짐은 단순한 단절이 아니라, 집착을 내려놓고 새로운 길을 향해 나아가는 과정일 수도 있다. 우리는 때로는 소중한 관계를 유지하려 노력해야 하지만, 때로는 손을 놓고 떠나야 할 때도 있다. 중요한 것은 그 과정에서 무엇을 배웠는지, 그리고 어떻게 성장했는지이다.

• **관계의 균형**

인생에서 우리는 수많은 관계를 경험하며, 만남과 헤어짐을 반복한다. 중요한 것은 집착하지 않고, 각 관계의 의미를 받아들이는 것이다. 우리는 누군가를 만나고, 헤어지면서 성장한다. 만남을 소중히 여기되, 헤어짐을 두려워하지 않는 것이야말로 중년의 지혜다.

김춘수 시인의 "내가 그의 이름을 불러주었을 때 그는 나에게로 와서 꽃이 되었다"라는 구절처럼, 우리는 관계 속에서 서로를 빛나게 하는 존재다. 어떤 인연은 오래 지속되고, 어떤 인연은 짧게 스쳐 지나가지만, 모든 만남과 헤어짐이 우리의 삶에 흔적을 남긴다. 우리는 그 흔적을 통해 성장하고, 더욱 깊이 있는 삶을 살아가게 된다.

　나이는 누구에게나 공평하게 찾아오지만, 그 시간을 어떻게 채워가는지는 각자의 선택에 달려 있다. 우리는 중년이 되면서 과거의 길을 되돌아보고, 현재를 성찰하며, 미래를 모색한다. 삶의 한가운데에서 멈추어 서서, 이제까지 걸어온 발자취를 돌아보는 것, 그것이 바로 중년의 특권이자 지혜다.

　이 책에서 다룬 다섯 가지 색—파란색의 깊이, 빨간색의 열정, 검은색의 성찰, 하얀색의 순수, 그리고 황금색의 원숙함—은 단순한 색이 아니라, 우리가 중년을 살아가는 방식의 상징이다. 우리는 이 색깔들을 통해 삶을 조망하고, 과거와 현재, 그리고 다가올 날들에 대해 다시금 질문을 던진다.

　중년은 단순히 나이를 먹는 과정이 아니다. 그것은 자신을 다시 발견하고, 남은 시간을 더욱 가치 있게 채우기 위한 또 다른 출발점이다. 젊음이 가능성의 시기라면, 중년은 그 가능성을 현실로 만들어가는 시간이다. 그리고 그 현실 속에서 우리는 자신만의 빛깔을 찾아가야 한다.

　"우리는 나이를 먹는 것이 아니라, 나이와 함께 성장

해야 한다." 이 책을 덮으며, 당신의 중년이 더욱 빛나고, 의미 있는 색으로 물들어 가길 바란다. 앞으로의 시간이 더 이상 두려움이 아니라, 기대가 되기를. 당신의 인생이라는 캔버스 위에 당신만의 색을 더해나가기를 기대한다. 중년의 경쟁력은 각자 가지고 있는 색깔이 자연과 닮아갈 때 원숙함으로 피어난다.

＊ 방미영

   방미영은 추계예술대학교 대학원에서 문화예술학 박사학위를 취득했으며, 국민대학교 대학원에서 정치학 석사 학위를 받았다. 학문적 기반을 다진 후 현재 서경대학교 광고홍보콘텐츠학과 교수며, 서울특별시 북부여성발전센터 센터장을 맡고 있다.

   방송 분야에서도 오랜 경력을 쌓아왔다. KBS 교양제작국 방송작가로 활동하며 <문화가산책>, <차 한 잔을 나누며>, <전국은 지금> 등 다수의 프로그램을 제작했고, 월간 《언론과 비평》 에서 문화부 기자로도 활동했다. 이러한 현장 경험은 그의 학문적 연구와 교육에 실질적인 토대가 되고 있다.

   사회적 활동 영역에서는 청년문화콘텐츠기획단 운영위원장으로서 MZ세대 중심의 디지털 콘텐츠 개발과 사회공헌 활동을 이끌고 있다. 한국전자출판학회 회장 및 글로벌문화콘텐츠학회, 콘텐츠문화학회 부회장을 역임했으며, e문화예술교육연구원 원장으로도 활동했다. 이 외에도 한국간행물윤리위원회 심의위원, 게임물등급위원회 자문위원, 한국관광공사 홍보대사,

국기원 정책위원회 위원 등 문화콘텐츠 분야에서 폭넓은 전문가 활동을 펼치고 있다.

　지역발전과 교육분야에서도 활발히 활동 중이다. 농림축산식품부 국가중요농업유산 심의위원 역임했으며, 현재 서울시 공익사업선정위원회 위원장, 서울시 청자미디어센터 발전위원, 서울시 노원구 일자리위원회 위원, 서울시 노원구 노사민정협의회 위원, 시립노원청소년센터 운영위원, 경기도 지역균형발전위원회 위원, 경기도 광명문화재단 비상임이사, 경기도 광명시축제위원회 위원, 용인시 상징물관리위원회 위원, 용인시 문화의거리 육성위원회 위원 등으로 활동하며 지역사회 발전에 기여하고 있다. 저서로는 『AI와 콘텐츠커머스 마케팅』(2025), 『문화로 깨어나는 도시』(2025), 『2026 검색광고마케터 1급』(2025), 『2025 SNS광고마케터 1급』(2025), 『문화관광콘텐츠와 향교.서원』(2024) 등이 있다.

AI 시대 중년의 경쟁력
중년의 경쟁력을 결정하는 다섯 가지 색

지은이:방미영
펴낸이:안우리
펴낸곳: 스토리하우스

초판 1쇄 인쇄 2026년 02월 20일
초판 1쇄 발행 2026년 02월 25일

등록: 제324-2011-000035호
주소: 서울시 종로구 율곡로6길 36, 월드오피스텔 908호
전화: 02-3673-4986
팩스: 02-6021-4986
이메일: whayeo@gmail.com

ISBN 979-11-85006-60-4 (03000)
가격: 13,800원